元宇宙未来

通往真实的虚拟现实

李颖悟　方鹏　刘杰 ◎ 著

中国商业出版社

图书在版编目（CIP）数据

元宇宙未来：通往真实的虚拟现实 / 李颖悟，方鹏，刘杰著. -- 北京：中国商业出版社，2022.7
ISBN 978-7-5208-2068-4

Ⅰ.①元… Ⅱ.①李…②方…③刘… Ⅲ.①信息经济 Ⅳ.①F49

中国版本图书馆 CIP 数据核字(2022)第 100753 号

责任编辑：包晓嫱

（策划编辑：佟 彤）

中国商业出版社出版发行

（www.zgsycb.com 100053 北京广安门内报国寺1号）
总编室：010-63180647　　编辑室：010-83118925
发行部：010-83120835/8286
新华书店经销
香河县宏润印刷有限公司印刷

*

710 毫米×1000 毫米　16开　13.5印张　180千字
2022年7月第1版　2022年7月第1次印刷
定价：58.00元

****

（如有印装质量问题可更换）

前言

在2300多年前的百家争鸣时代,庄子梦到自己变成一只蝴蝶翩翩飞舞,醒来之后却不知身在何处,于是就产生了这样的思考:到底是我变成了蝴蝶,还是蝴蝶变成了我呢?哪个才是真实的存在?

这就是"庄周梦蝶"的故事。其实,这个故事是古人对于现实和虚拟世界之间的朴素思考,也可以看作是关于元宇宙的最初想象。

目前,公认的"元宇宙"概念的提出,来自美国科幻作家史蒂文森1992年创作的科幻小说《雪崩》。

自扎克伯格在Facebook宣布集团正式改名为Meta(Meta意为"超越"和"元",取自"Metaverse")后,元宇宙就开始在世界的各个角落迅速发展起来。

在科幻小说《雪崩》中,描述了一种人类通过数字化身在虚拟三维空间生活和交流的场景,并将这种场景称为"元宇宙"。

小说发表30年后,小说中描写的虚幻场景照进现实。

其实,不论如何定义这一概念,许多人都早已身处一个类似元宇宙的环境中了,例如,人们使用的Microsoft Teams和Zoom,已从通信工具变身为类似元宇宙的平台。此外,人们可以仅通过一副VR头戴设备,就能身临其境般地玩VR游戏,参加音乐会或观看体育比赛。

"元宇宙",是指在传统网络空间基础上,伴随多种数字技术成熟度的提高而形成的一个既映射于现实又独立于现实的虚拟世界。元宇宙并不是一个简单的虚拟空间，而是一个囊括了网络、硬件终端和用户等元素的永续的、广覆盖的虚拟现实系统，系统中既有现实世界的数字化复制物，也有虚拟世界的创造物。

在元宇宙的世界里，我们既能在山野和河流旁终年游荡，也可以在任何地方生活，甚至还能自由自在地过自己想要的生活，实现自己的梦想，不用担心工作、生活等的束缚。

这里，你既可以是你，也可以不是"你"，听上去似乎有些天方夜谭，但这一切都可以在元宇宙中实现。

虽然目前我们距离理想的元宇宙世界还很遥远，但元宇宙概念已经实实在在地火了起来。

作为真实世界的延伸与拓展，元宇宙带来的巨大机遇和革命性作用值得期待。正基于此，我们出版这本《元宇宙未来：通往真实的虚拟现实》，希望对您有更多的助益。

目 录

第一章 虚拟与现实——用虚拟弥补现实的不足

"虚拟现实补偿论"概述 /2

虚拟补偿现实,是人类永远的原始冲动 /6

元宇宙发展"三段论":数字孪生、虚拟原生、虚实融生 /8

元宇宙的综合环境构成:虚拟世界、虚拟界面、现实世界 /11

第二章 元宇宙时代下虚拟与现实的全面交织

边界模糊:元宇宙时代下,无物不虚拟、无物不现实 /18

虚实融合:元宇宙时代的社会组织和运作的新形态 /22

虚实二维:元宇宙时代的新型生活方式 /24

双线一体:元宇宙催生的新型社会方式 /27

赋能实体:元宇宙虚拟维度下的实体活力 /32

第三章 构建真实的虚拟现实的三种方式

方式一:通过VR实现沉浸,通过AR实现叠加 /36

方式二:传统加元宇宙实现渐进,用户打造实现激进 /39

方式三：通过通用协议实现开放，独家垄断则是封闭 /41

第四章 元宇宙通往真实虚拟现实的必备要素

身份：现实中人在元宇宙里的化身 /44

朋友：身处其中，可跨越时空做朋友 /47

沉浸感：沉浸其中，忽略真实的世界 /50

低延迟：元宇宙中的一切都是同步发生的 /53

多元化：可以多元化地进行各种交互 /56

随时随地：无时无界可以使用任何设备登录 /63

经济系统：数字化的创造、资产、市场、货币与消费 /66

文明：元宇宙自我发展出的独特文明 /70

第五章 元宇宙通往真实虚拟现实的技术保障

人工智能技术：让元宇宙实现"连点成线"/74

电子游戏技术：打造元宇宙游戏社区生态 /76

区块链技术：为元宇宙解决数据传输的问题 /78

交互技术：为元宇宙提供沉浸式虚拟体验阶梯 /81

物联网技术：完美契合元宇宙组网需求 /84

网络和运算技术：云化智能网络为元宇宙打造基础设施 /87

第六章 元宇宙通往真实虚拟现实的重点路径

硬件进化：AR/VR/MR 虽为先头部队，但需进一步优化 /92

软件迭代：构建元宇宙虚拟世界，需要更优质的软件支持 /97

基础设施建设：网络需要进一步提高 /101

内容支持：需要更多关于元宇宙的内容呈现 /104

第七章 元宇宙通往真实虚拟现实的规则与体系

共识规则：遵循不同宇宙共同的游戏规则 /108

经济规则：制定元宇宙内在的经济规则 /112

治理规则：重在治理规则的建立和实施 /116

第八章 元宇宙通往真实虚拟现实的产业架构

基础设施层：将设备连接到网络并提供内容 /122

人机互动层：通过智能可穿戴设备，让人变成"机器人" /124

去中心化层：把元宇宙的所有资源更公平地分配 /126

空间计算层：将真实计算和虚拟计算进行混合 /127

创作者经济层：以前所未有的人数为他人创造经验 /128

发现层：将人们引入元宇宙新体验 /131

体验层：让体验形式变得触手可及 /133

第九章 元宇宙通往真实虚拟现实的"人、货、场"

人：面向数字替身进行沉浸式营销 /136

货：虚拟世界的"货"增强了现实世界的"货" /139

场：去中心化的元宇宙和无限增大的元宇宙社群 /142

第十章 打造真实虚拟现实的"新技术+元宇宙"生态

"区块链+元宇宙"，区块链确保元宇宙经济稳定 /146

"XR+元宇宙"，XR 让元宇宙实现升级 /150

"5G+元宇宙"，5G 助力元宇宙落地应用 /155

"大数据+元宇宙"，大数据让元宇宙实现"数字化"和"数治化" /159

"算法+元宇宙"，算法让元宇宙获得智能化支撑 /162

第十一章 落地应用：元宇宙推动各产业的发展

游戏：在元宇宙游戏的体验感会更好 /166

社交：VR/AR 将元宇宙社交优势发挥得淋漓尽致 /170

旅行：通过 VR 可以参观世界上任何地方 /173

零售：奢侈品牌可以在元宇宙中举办秀场活动 /176

房产：购买虚拟土地，按照自己的想法开发建设 /178

消费：沉浸式的数字孪生电商，未来买买买更开心 /181

医疗：患者在一个虚拟空间中与医生进行更深入的交流 /183

健身：在线机器人教练可通过体感设备和监测指标进行指导 /186

教育：全新的交互方式将使学习体验变得更加有趣 /190

电影：在元宇宙构建的虚拟世界里，每一个观众都能成为主角 /195

艺术：元宇宙让艺术作品的制作和欣赏方式更加新颖 /199

智慧城市：元宇宙将是未来十年智慧城市发展的风向标 /202

后 记

第一章

虚拟与现实——用虚拟弥补现实的不足

"虚拟现实补偿论"概述

虚拟现实补偿论的中心观点是：人在现实世界缺少的，会努力在虚拟世界得到补偿。

1992年美国作家尼奥·斯蒂文森的小说《雪崩》出版，书中提出了"metaverse"概念，也就是我们现在所说的元宇宙。这是人们根据现实世界创建的另一个虚拟世界，人们使用VR设备，生活在该虚拟空间中。简而言之，元宇宙就是一个与现实世界平行的虚拟空间，人们可以在这个空间里社交、娱乐、工作、学习、自由编辑、共创内容，就像玩一个超大型、超真实、多人在线的互动体感游戏。只不过，内容和规则都比普通游戏更复杂、更丰富。

元宇宙具有这样几个关键特征：虚拟世界、沉浸、虚拟社交、人机互动、可编辑的开放世界。从这一点来看，元宇宙就是下一代互联网生活和强化版的VR体验。

一、元宇宙是人类未来吗

元宇宙真的能成为人类未来的生活方式吗？在"元宇宙"还没被正式提出以前，在很多影视作品中已经呈现了虚拟与现实交汇世界的场景，比如，《头号玩家》被人们当作"解释元宇宙"的电影；《黑客帝国》也将元宇宙发展当作一种可能；《阿凡达》《造梦空间》等，都描述了一个通过意识转移进入不同世界的故事。

二、人们热衷于虚拟世界的原因

按照虚拟现实补偿论来理解,现实世界是唯一的,虚拟世界则存在多种可能,我们平时幻想的"如果×××",都能在虚拟世界中得到满足,比如,月薪1500元的人可以在网络游戏里成为白领,无法豢养宠物的人可以在线云吸猫。在虚拟世界不断地探索各种人生,如果不满意,还可以读档重来。而这也是人们自发乐意沉浸于虚拟世界的原因。可见,虚构是人性的原始冲动。

三、元宇宙真的适合成为一种生活方式吗

人类对创造虚拟世界的冲动是永恒的,在长期的发展中,必然会创造出一个个虚拟世界。由此,元宇宙的出现也就顺理成章了。但是,元宇宙真的适合成为一种生活方式吗?

元宇宙为人们提供了一个虚拟社会:只要戴上设备,人们就能足不出户地进入一个平行世界,进行社交、工作、娱乐,甚至创建梦想家园、遨游大海、漫步太空等,一切都会变得真实而有趣。难怪扎克伯格会说:"在元宇宙世界,你可以与朋友和家人聚在一起、工作、学习、玩耍、购物、创作……这是完全不同于电脑或手机的感受。在未来,你将能够以全息形式瞬间传送到办公室,而无须通勤;你可以与好友一起参加音乐会,或者与父母在客厅叙旧。你能够把更多的时间投入重要事情上,同时减少通勤时间,减少碳足迹。"

扎克伯格觉得,在元宇宙中,最重要的体验是人与人的联系,但让人不解的是,人与人之间的实际互动又远了一步。原因就在于,当人们脱下设备时,需要立刻面对现实。这时候,所有的一切就都是不真实的。

刘慈欣在谈到虚拟现实技术时说:"这个技术让人变得越来越内向,整个文明变得越来越内向。我们越来越变成一种很内向的文明,而不是向外去开拓、去探索的文明。"

沉浸在虚拟生活，却发现一切都是假的，你还愿意回归现实吗？《2019中国网络视听发展研究报告》显示，移动互联网时代，人们都在通过手、眼和脑上网，平均上网时间超过6小时，一旦享受到沉浸、互动等更强的体验，还愿意走出那个世界吗？从这个角度来说，元宇宙对社会而言也是一个潜在的风险，会滋生出抑郁、成瘾和心理健康等问题。把虚拟世界变得比现实世界更好时，其发挥的影响更会超出人们的想象。

国外知识分享平台 Medium.com 上，有一篇关于 Meta 和元宇宙的文章，网友纷纷发表评论，体现了对创建元宇宙的担忧：

Mike Murray：

我们需要清楚元宇宙中真正会发生什么。这是他们当前平台上发生的事情，但破坏性会大得多，因为根据现在所表述的样子，这将是一个新的现实，旨在取代我们现有的现实。所以控制、攻击、欺骗、分裂和操纵将被提高到一个全新的水平。

Kaki Kumura：

我担心的是我们对 Metaverse 的需求，我们对现实世界真的如此不满意吗？

逃避主义并不是万恶的，我喜欢书籍、电影、游戏，它们提高了我的生活质量，但是元宇宙有很大滥用和误用的可能性，Facebook 还没有证明自己有能力理解或控制他们当前平台的影响，怎么会有人相信他们呢？

Suzanna Alastair：

我觉得在虚拟宇宙中想要一个看起来像我的化身有点荒谬，这种化身无法传达一些正确的信息。

比如我和我的孩子们玩 Roblox，这是一个 Metaverse。虽然我们的角色是化身，但我更喜欢和我的孩子们坐在一起做事情。如果我们在不同的房间里玩，那就不一样了，我们无法摸到彼此，如果我女儿用她的头像拥抱我的头像，我也没有什么感觉。

除了对心理影响的担忧，人们对通往元宇宙的路径更是充满争议。

只有通过强烈的沉浸与互动，才能构建虚拟世界，也就是说，只有交出自己的最后一点数据，比如喜欢看什么、闲暇时会做什么、平时会谈论什么，让元宇宙世界所掌握，才能不断地吸引人们的注意力并参与其中。

虽然元宇宙的世界不会在短时间内来临，目前的担忧为时过早，但面对科学技术的飞速发展，人们在享受科技给生活带来的方便时，一般会很少考虑后果。

虚拟补偿现实,是人类永远的原始冲动

一、虚拟现实补偿论

米兰·昆德拉说过:"每个人只能活一次,人们永远都无法知道自己该要什么。任何方法都无法用来检验哪种抉择是好的,因为不存在任何比较。所有的一切都是立刻经历,仅此一次,不能准备。"人们在现实世界缺少的,通过元宇宙都能在虚拟世界中得到补偿。

现实世界是唯一的,只能"是其所是",但意义却只能在比较中得出,只活一次等于没活。而虚构世界可以"是其所不是",可以挖掘出各种可能,虚构自然也就成了人类文明的底层冲动。

二、永远的原始冲动

Elon Musk 说过:"从统计学角度看,在漫长的时间内,很可能存在一个文明,人们甚至还找到了非常可信的模拟方法。只要存在这种情况,建立自己的虚拟多重空间也就只是一个时间问题了。"

基于"虚拟现实补偿论",如果一个文明为了得到补偿而创造虚拟世界的冲动是永恒的,那么长时间的发展,就能创造出一个个虚拟世界,自身所处的世界也有可能是上层设计者打造的。这就是 Nick Bostrom、Elon Musk 等人相信的"世界模拟"论。

在认知上，各层级之间都具有由上而下的单向性。例如，人类对现实世界的认知，只能接受一系列任意的物理常数设定，不知其所以然，元宇宙中的虚拟人对于人类设定的各种规则自然也只能被动接受。而在补偿上，各层级之间则具有由下而上的单向性。

元宇宙发展"三段论":数字孪生、虚拟原生、虚实融生

一、数字孪生

数字孪生,可以将某现实世界镜像到虚拟世界里。该阶段是现实世界(包括人类社会与物理世界)的虚拟化,通过信息技术的不断进步,不断提高人类信息交换等能力,促使物理世界的数字刻画不断丰富和逼真。

从本质上来说,从电话到互联网、社交平台、虚拟现实技术,都属于这一范畴,直到将人类社会的经济和文明等要素融入虚拟世界,并达到极度的逼真还原。

数字孪生,也称为数字映射、数字镜像,指的是在信息化平台内模拟物理实体、流程或系统,犹如实体系统在信息化平台中的双胞胎。借助数字孪生,人们就能在信息化平台上了解物理实体的状态,可以控制物理实体里预定义的接口组件,协助组织监控运营、执行预测性维护和改进流程。

简而言之,就是现实世界完全镜像到虚拟世界,在虚拟空间内建立包括人、物品、环境等要素在内的拟真的动态孪生体。概括起来,数字孪生具有四个典型的技术特征,如表1-1所示。

表 1-1　数字孪生技术特征说明

特征	说明
虚实映射	数字孪生技术，需要在数字空间构建物理对象的数字化表示，需要现实世界中的物理对象和数字空间中的孪生体实现双向映射、数据连接和状态交互
实时同步	通过获取实时传感等多元数据，孪生体就能全面、精准、动态地对物理对象的变化做出反应，包括外观、性能、位置、异常等
共生演进	在理想状态下，数字孪生实现的映射和同步状态，需要涉及孪生对象的设计、生产、运营、报废等整个生命周期，孪生体需要随着孪生对象生命周期的进程而不断演进
闭环优化	描述物理实体的内在机理，分析规律、洞察趋势，然后通过分析与仿真，对物理世界形成优化指令或策略，优化物理实体的决策优化功能。这也是建立孪生体的最终目的

数字孪生虽然可以代表纯粹的数字事物，但它是现实世界和虚拟世界沟通的桥梁。例如，数字孪生可以提供工厂运营、通信网络或数字视图。

二、虚拟原生

虚拟世界里的人或物能够自动生成并运转起来，比如，自己的虚拟分身、物品等，不需要真实场景的参与。也就是说，可以将虚拟世界原生出来，比如，在虚拟世界里跟虚拟人一起拍照片。

元宇宙仅仅是一个概念，不同的人有不同的理解，如何命名并不重要，重要的是未来的趋势如何。不同的企业可以从不同的角度来对该概念进行描述，除了社交场景外，游戏场景也比较活跃。例如，为了尽量逼真地刻画物理世界，将其展现在虚拟世界中，微软从游戏角度切入。抛开"游戏"的传统概念，人们就能进行无限创造，实现梦想中的伟大设计、体验稀有的自然景观或文化遗产，只要不是开会、社交、教育等场景，都能在元宇宙中进行。

三、虚实融生

所谓虚实融生，就是现实世界信息与虚拟世界信息融合，还能相互共生。例如，在虚拟世界拍的照片能在现实中发朋友圈并打印。

元宇宙绝不是虚拟世界，而是一个融合世界，在这个融合世界里，有着更沉浸的体验，人们会切实地生活在网络中，不用再盯着一块屏幕。过去人们总是谈人机交互，随着"人类社会"的融入，人人交互会更多。同时，效率和创造性会有极大提高，一个重要的原因就在于，突破了资源的限制。比如，现在建筑系的毕业生没有机会在北京建一个厕所，但有机会在元宇宙中建一座绝世建筑。

元宇宙的综合环境构成：虚拟世界、虚拟界面、现实世界

一、虚拟世界

元宇宙类似于虚拟世界，但具有独立的文明体系、金融交易等，是虚拟版的小社会。

在影片《头号玩家》中，主人公戴上 VR 头盔，就可以进入一个有着"他"这个角色的虚拟世界，即绿洲。在绿洲场景中，世界上的所有人都能通过设备将意识与平行的虚拟世界连接起来，实现虚拟社会的运转。

1. 元宇宙可以优化虚拟空间的用户体验

元宇宙，参照唯一现实世界中的物理元素，以真实或假想的逻辑（如超现实、科幻、神话等），对现实世界进行克隆、修改或丰富，是一个虚拟世界投影或架空世界，是一个"脑洞大开"的"多元宇宙"。所以，无论是《Roblox》《头号玩家》，还是《无敌破坏王 2》中的场景，未来都能是元宇宙的一角，互相联通。

从产业实践来看，目前元宇宙的基础支撑依然是 VR/AR 行业的突破性发展，Meta 公司的 Quest 2 VR 一体机已经获得了 75% 以上的市场份额，这也是 ALL IN 元宇宙的一大原因。未来，Meta 很可能会演变为 VR/AR 领域（或元宇宙）的苹果公司（生态驱动硬件产品）。

元宇宙理念以 VR 虚拟世界体验展开，强调感官沉浸性，展示了丰富的想

象力和沉浸感，所有的技术研究都致力于提高虚拟世界的运行效率、优化用户体验等。同时，以此为基础，可交互性、物理真实性都为感官沉浸服务。换句话说，在狭义的元宇宙中，可以"天马行空"，可以"违背物理规律"，比如，神魔、妖兽、魔法等。

2. 元宇宙是一个与现实平行的虚拟世界

元宇宙，是通过数字技术构建起来的与现实世界平行的虚拟世界。

2021年3月，沙盒游戏平台Roblox公司首次将"元宇宙"概念写进招股说明书，成功"登陆"纽交所。其对元宇宙的定义充分体现了现实世界与虚拟世界的融合，该公司认为，元宇宙一共有8个要素：身份、朋友、沉浸感、低延迟、多元化、随地、经济系统和文明。在元宇宙中，人们可以从事现在互联网上做不到的事情。

也就是说，元宇宙正在推动"全真互联网"时代的到来。

1981年，美国数学家弗诺·文奇出版小说《真名实姓》，构思了一个通过脑机接口进入并获得感官体验的虚拟世界。1992年，美国科幻作家尼尔·斯蒂芬森深化了他的创意，在小说《雪崩》中提出了元宇宙的雏形，创造了一个平行于真实世界的赛博空间，体验者只要戴上耳机和目镜，就能用虚拟分身的方式进入一个虚拟空间。

二、虚拟界面

1. 虚拟世界完全置换现实世界——VR

VR全称"Virtual Reality"，即虚拟现实、灵境技术或人工环境，由美国VPL公司创始人Jaron Lanier在20世纪80年代初提出。该技术综合利用计算机图形系统和各种现实及控制等接口设备，可以在计算机上生成可交互的三维环境，为用户提供沉浸感觉。

所谓虚拟现实，就是利用电脑模拟产生一个三维空间的虚拟世界，供使用者进行视觉、听觉、触觉等感官的模拟，让他们如身临其境，及时、自由地观察三维空间内的事物。

VR，除了各大商场中，饱含科技感的VR（虚拟现实）体验场馆"遍地开花"，旅游景点推出的沉浸式虚拟旅游已经成为VR常见的应用场景之一。

戴上眼镜后，体验者就能进入一个完全不同的世界，看到一个虚拟环境，欣赏到立体的、具备空间感的图像。比如，用户戴上VR眼镜后，就能看到一个游戏世界，而旁观者看到的他却依然处在现实世界中。

VR最著名的"玩家"是Meta CEO马克·扎克伯格。2014年，他收购了VR眼镜开发商Oculus，之后投资5000万美元建立"元宇宙"。目前，Oculus Quest2 128G版在亚马逊售价约为1900美元。

2. 虚拟世界叠加在现实世界上——AR

AR全称"Augmented Reality"，即增强现实，最早于1990年提出。运用该技术，就能实时计算摄影机影像的位置和角度，并加上相应图像。这种技术可以通过全息投影，在镜片的显示屏幕中把虚拟世界叠加在现实世界上，操作者完全可以通过设备进行互动。随着电子产品运算能力的不断提高，AR用途越来越广泛。

AR通过设备的识别判断，可以将虚拟信息叠加在以识别物为基准的某个位置，并显示到设备屏幕上，实现虚实结合和实时交互等效果。如今，AR技术被广泛运用于全息AR导航、商品零售、医疗、影视娱乐等领域。

3. 现实环境与虚拟环境的融合——MR

MR全称"Mixed Reality"，即混合现实技术，是虚拟现实技术的进一步发展。

MR 包括增强现实和增强虚拟，可以在虚拟环境中引入现实场景信息，在虚拟世界、现实世界和用户之间搭起一个交互反馈的信息回路，增强用户体验的真实感。比如，手机录屏，通过手机摄像头，看到的第一个手表是虚拟的，其实用户手上的手表才是真实的。

三、现实世界

在元宇宙中，实体店购物和网络购物会改换一种形式，同时现实货币和虚拟货币还是流通的。只要将自己身体的实际数据输入个人虚拟形象，元宇宙中的虚拟人就能拥有和自己一致的身材。

在元宇宙中的购物商场，如果想到服装店买衣服，可以根据自己的身材量身定做。这时候，不仅虚拟人物拥有这件衣服，现实中还能收到同样衣服的包裹。如此，传统的网购形式就会发生改变，或许就不会再出现因衣服尺寸不合适导致的退换货现象了。当然，元宇宙中的衣服尺寸是不受限制的，当我们再次改变身材数据时，虚拟世界的衣服依然可以自动调整，直至完全合身。

在其他行业领域，比如，制造新型设备、做实验，都可以在元宇宙中率先进行，最终数据都会被准确地传回现实世界，或许还能节省很多物力和人力。

此外，还可能体验到区别于现实世界的感受。在元宇宙中，社交不再依赖于各种社交平台，而是"面对面"建立属于自己的社交群体。比如，看电影，不需要直接坐在屏幕前，完全可以在电影中看电影，获得超强的沉浸式感受。

在现实世界中，想见心中的偶像非常困难，但在元宇宙，完全可以看到

"真人"；同时，还可以将一些工作转嫁到元宇宙中，比如，在元宇宙中投放广告，现实生活中就不用再额外投放了。

　　元宇宙时代，每个人都能在一个无限放大的立体画布中自由挥洒创意，虽然我们无法预测元宇宙的最终命运，但在开拓元宇宙的同时，更要不断探索现实中的宇宙。

第二章

元宇宙时代下虚拟与现实的全面交织

边界模糊：元宇宙时代下，无物不虚拟、无物不现实

元宇宙是虚拟与现实相融合的智能体。

今天，随着元宇宙概念的火爆，业界出现了各种解释，还没有出现一个权威的元宇宙定义。清华大学新闻与传播学院新媒体研究中心给"元宇宙"下的定义比较规整：元宇宙是在多种新技术整合的基础上而产生的虚实相融的互联网应用和社会形态，它基于扩展现实技术提供沉浸式体验，基于数字孪生技术生成现实世界的镜像，基于区块链技术搭建经济体系，可以将虚拟世界与现实世界的经济系统、社交系统、身份系统等密切融合到一起，允许每个用户进行内容生产和世界编辑。

首先，元宇宙是一种互联网应用和社会形态，通过多种新技术整合来实现，比如，移动互联网、5G、VR、AR、MR、ER、人工智能、物联网、区块链等。

其次，元宇宙能实现虚拟与现实的高度融合，我们现在玩的VR、AR游戏并不是完全的元宇宙，单纯的虚拟世界也不是完全的元宇宙。

最后，用户可以产生或编辑内容。人的化身本身就是虚拟世界的组成部分，这些化身可以在元宇宙的规则下从事自己想做的事，比如，建房子、开公司、赚钱养家。当然，也可能为了利益，化身与化身之间发生冲突，甚至发生群体与群体之间的冲突。这些都是元宇宙的内容。

一句话，元宇宙很可能是现实世界在虚拟世界的翻版。

那么，元宇宙需要借助哪些技术呢？目前达到了什么程度？基于目前业界对元宇宙的定义共性，元宇宙所需技术可以从以下四个方面来理解。

一、基础设施

元宇宙是一个虚拟与现实高度融合的世界，必然需要高速移动互联网、物联网、移动智能终端来承载。

1. 移动互联网

虽然我国的 5G 移动互联网在全球处于领先地位，但还没有达到完全覆盖的程度，要想实现全球各国 5G 全覆盖的目标，还有较长的路要走。

2. 物联网

物联网为人们提供了一个世间万物相连的网络，大家日常生活中看到的冰箱、电视、空调、体重秤、扫地机器人等已经实现联网，但离世界万物都联网还有很长的路要走。在物联网普及的过程中，首先需要大规模部署 IPv6，以便用足够的地址来供万物互联，但 IPv6 的全球部署才刚开始。

3. 移动智能终端

移动智能终端设备的种类逐渐丰富，智能手机高度普及，但元宇宙需要众多移动智能终端设备，仅有智能手机还远远不够。在元宇宙中，各种原始信息的采集都需要借助移动智能终端来实现。

二、交互设备

在很多穿越电视剧中，主人公之所以能穿越到古代或未来，不是借助了某种神奇的设备，就是受伤穿越。要想将元宇宙的虚拟世界与现实世界融合到一起，交互设备必不可少，比如，VR、AR、MR、XR、ER、脑机接口等，如

表 2-1 所示。

表 2-1　元宇宙交互设备简称说明

设备	简称	说明
虚拟现实 Virtual Reality	VR	可以为用户提供沉浸式体验，提供现实世界的输入和输出
增强现实 Augmented Reality	AR	在 VR 的基础上，增强人们对现实世界无法察觉的信息显示
混合现实 Mixed Reality	MR	可以将真实世界和虚拟世界混合到一起
扩展现实 Extended Reality	XR	VR/AR/MR 三者的集合
拟真现实 Emulated Reality	ER	综合使用各种技术，在网络空间内建造一个真实世界

目前，这些都积累了一定的技术，但还没有被广泛应用。举个简单的例子，现在大家玩 VR 的时候，有的 VR 设备会让人感到眩晕。但是技术发展也很快，现在这种现象在很多新设备中基本消除。

BCI（脑机接口）。BCI 是连接大脑和外部设备的一种实时通信系统，可以代替正常外围神经和肌肉组织，实现人与计算机之间或人与外部环境之间的通信。随着人们对神经系统功能认识的提高和计算机技术的发展，该技术的研究明显加强，但技术水平还处于起步阶段。

三、内容产生

元宇宙中呈现的海量内容，通过虚拟人联系的实体人仅占很小的比例，更多的内容都需要借助人工智能。运用人工智能，不仅能智能生成不重复的海量内容，实现元宇宙的自发有机生长；还可以驱使虚拟数字人将元宇宙的内容有规律地呈现给用户；甚至还能审查元宇宙中无法以人工完成的内容，保证元宇宙的安全性与合法性。

数字孪生，就是利用物理模型、传感器更新、运行历史等数据，将多学科、多物理量、多尺度、多概率等结合在一起，在虚拟空间中完成映射，将对应的实体装备的全生命周期过程反映出来。

借助 AI，元宇宙中庞大的地理空间就能生成现实世界缺少的地图，还能用数字孪生的方式生成与现实世界完全一致的地图。在元宇宙的地图中，用户可以购买或租赁土地，修建建筑物，甚至改变地形等。

四、经济关系

元宇宙是一个巨大的平台，需要防止中心化平台的垄断，而区块链就能为元宇宙提供价值、传递解决方案。区块链最大的特点是，去中心化，不可篡改，在确保元宇宙安全的前提下，可以完成价值和权益等的传递。

具体来说，就是利用区块链防篡改和可追溯性等特征，来确定元宇宙中的身份；运用区块链技术的数字货币，实现元宇宙的价值归属、流通和变现；利用区块链技术去中心化的结算平台和价值传递，打造高效稳定的经济体系；利用区块链的去中心化特性，有效解决中心化平台的垄断问题。

虚实融合：元宇宙时代的社会组织和运作的新形态

元宇宙可以真正改变人类与时空互动的方式，以虚实融合的方式，改变现有社会的组织与运作，催生出一种融线上线下为一体的新型社会关系，从虚拟维度赋予实体经济新的活力。

一、"元宇宙"为人类社会的数字化转型提供了新思路

"元宇宙"是现实物理世界在数字虚拟世界的延伸与拓展，跨越现实物理世界与数字虚拟世界之间的界限，改善现有政治结构、金融体系和人类生存模式等，是前所未有的挑战，容易引发平台管控、经济监管、政策立法等新问题。

元宇宙虚拟空间与现实社会保持高度同步和互通，交互效果更加逼近真实。虚拟世界有着极高的同步性和拟真度，这也是构成元宇宙的基础条件。也就是说，现实社会中发生的所有事件都会跟虚拟世界保持同步，用户在元宇宙中进行交互时还能得到近乎真实的反馈信息。

"元宇宙"概念的提出，为人类社会实现最终的数字化转型提供了新思路，必然会产生更繁荣的数字经济。

未来，人类的生活方式必将数字化，元宇宙也将从科幻转向现实。随着数字化进程的不断推进，人们的生活和工作方式也会不断演化，出现一种全新的元宇宙中的工作方式，到时人们就能在虚拟空间和时间构成的"元宇宙"中

学习、工作、交友、购物、旅游了。这种虚拟方式，也会催生更多新的创意、合作和融合手段。借助去中心化平台，用户就能享有所有权和自治权，通过沉浸式的体验，让虚拟世界进一步接近现实。

二、打造出全新的数字沉浸式购物场景

当下，产品与客户的单一联系已经变得薄弱，无法驱动增长。在新的商业模式中，消费者会用一种更加沉浸式、交互式、情感化的方式去购买产品和服务，会更加拟人化、交互化和内容化。这种购物模式，必将颠覆传统电商，打造出全新的数字沉浸式购物场景。

如今，数字购物体验正在逐渐演变成一种丰富的生态系统，并与多个线上渠道进行融合。目前，全球约有81%的消费者认为品牌的数字店与实体店同样重要，因此品牌方要更加重视线上店的建设，加速开设虚拟旗舰店。只有走在全球用户的面前，在变化中捕捉机会，才能在机会里获得增长。

比如，可以通过3D，创建多元化、全场景、可交互的数字商品，推出沉浸式的数字购物体验店，720°全景虚拟店铺，让消费者像在实体店里一样"亲身"购物，产生身临其境的购物体验；同时，还要突出虚拟场景、虚拟客服等创建过程中的附加价值，实现购买行为的顺利转化。如此，用户就能以身临其境的方式体验商品与服务，并最终加速做出购买决策。

如今，数字空间的快速发展正在从根本上影响零售业，采用降低开店门槛、提供配套服务、增加虚拟人直播等新手段，改变算法，就能提高对特定内容的曝光和对用户使用习惯的迎合，大大加速实体店向数字沉浸式购物的转型。

虚实二维：元宇宙时代的新型生活方式

元宇宙是通往真实的虚拟，用户在其中可以用一种无与伦比的沉浸方式体验虚拟人生，形成虚实二维的新型生活方式。

一、元宇宙加速了人类生活的虚拟化

其实，只要认真观察体会，就能发现人类生活一直在虚拟化，互联网的出现则加速了这个过程。互联网时代就是初级元宇宙时代，在这个时代，我们的部分生活已经被虚拟化，比如，我们离不开手机就是生活严重虚拟化的典型表现。我们依赖的不是手机本身，而是手机里反映现实的虚拟内容。在高级元宇宙阶段，我们则会像现在离不开手机一样离不开某个穿戴式设备，随时沉浸在虚拟世界里。

高级元宇宙阶段进入虚拟世界的方法，与登录网络游戏一样：首先，选择一个自己想要的形象，对它进行装扮；然后，选择你要进入的虚拟世界，通过必要的身份验证，就能置身于那个世界；最后，就能通过这个虚拟形象在那个世界里漫游。

这时候，你的所有行为都只能在那个虚拟世界才有意义，你的肉身可能坐在椅子上或躺在床上几个小时不动，如同《黑客帝国》里躺在椅子上的男主角尼奥，或《盗梦空间》里睡着了的女主角阿丽瑞德妮。

这时候，很可能就会出现这样一种情景：家人早上洗漱完毕吃过早饭后，要么坐在沙发上,要么坐在椅子上,要么躺在床上,分别进入自己想去的虚拟世界或同一个虚拟世界。这时候从第三者的角度观察这家人,他们就是几个互不交流互不接触的肉体,如同我们目前的时代,早晨一家人吃过早饭后各自在不同的地方玩手机而互相不予理睬。

二、元宇宙时代,一切皆可虚拟

只不过,在当今时代,玩手机的家人多数都在休闲娱乐消耗时间,很少有人在工作或学习,而在元宇宙时代,一家人不一定都到虚拟世界去玩,孩子可能进入虚拟学校去上课,父母可能会进入虚拟公司上班,或到虚拟政府机构办事,或参加一场重要的虚拟会议,或者去某家虚拟商店购物……这其中有娱乐,但更多的是正常生活和社交。

在这样的虚拟世界里,不仅有游戏,学校也会搬到其中。原本制造虚拟商品的企业会第一时间把办公室开设在虚拟世界,让员工在家上班。当众人都在虚拟世界时,政府机构就需要在虚拟世界开设办事处,需要在虚拟世界播放电影……元宇宙时代,多数商业都在虚拟世界,如同目前的网络购物一样,如果交易的是真实商品,购买之后就能直接快递到家。

学生上完课并不会立刻回到现实世界,可能会跟同学到另一个虚拟世界里聊天写作业或玩游戏看电影;

上班族下班后,可能会去其他空间休闲;

家庭主妇买完东西,会去其他空间娱乐;

……

这种现象直接导致的结果就是,人类长期处于虚拟世界,他们的肉身在现实世界保持不动或偶尔做些外人看来毫无意义的扭动。直到他们无事可做,或者由于饥饿和劳累发出警告,才会回到现实世界。

三、虚拟是暂时，回归是常态

虚拟世界几乎不会让一个人无事可做，因为在这里可以做的事情实在太多。当赚钱、娱乐、感情等问题都发生在虚拟世界时，我们也就没多少必要活在现实世界了。换句话说，当一个人饥饿的时候，需要回到现实世界吃东西补充体力，吃饱喝足了，就可以重返虚拟世界。

当一个人想上厕所的时候，需要回到现实世界解决，完事后再重返虚拟世界。

当一个人生病的时候，需要离开虚拟世界去医院治疗，身体康复了，就可以重返虚拟世界。

当一个人的身体状况可以实时反馈到虚拟世界的那个"身体"上的时候，或许寻医问诊的部分过程也可以在虚拟世界进行。

双线一体：元宇宙催生的新型社会方式

未来，元宇宙极有可能发展成一个全球化的实体，产生的价值可能是当前世界经济价值的 10 倍。

下面，我们就来盘点一下元宇宙在未来可能会改变生活的几种方式。

1. 用户发生糗事时不会被意外拍到

在虚拟的世界里，你完全可以创造一个"全副武装"的化身，降低事故发生的概率，比如，没穿胸罩而被摄像机意外拍到。

Facebook 基于 VR 技术创建了 Horizon Workrooms，专门为远程办公人员开设了一个虚拟会议空间，就是虚拟现实（VR）和混合现实（MR）超越物理空间的一个例子。在这样的沉浸式数字环境中，人们的化身就能相互交流，增强自己想要真正使用的功能，最终将公司的租金减少到零。

如今，很多公司都建立了数字基础设施，员工在家办公，也获得了更多的利润。

2."家庭教育"可能会出现一个全新的含义

疫情防控期间，世界各地的学校关闭了大门，为了减少疫情蔓延的风险，有些学校甚至还让学生在家学习。如此，就需要一种新的沟通、协作和评估的方法。

其实，如同元宇宙中的工作场所具有的沉浸感一样，教室也可以被改造，比如：具有更多的社会互动，在视频通话中很少看到阴郁的面孔，学习的过程可以游戏化。

我们完全有理由相信，如果某所大学拥有最好的数字基础设施和精通互联网的人力资源，终将成为新一流的大学。

3. Play to earn

举个例子，为了创造一个适合自己玩的世界，Roblox 和 Minecraft 等游戏都让用户花费了数百个小时来设计元素。同时，手机上的休闲游戏也变得更加主流，比如：游戏 Ludo 填满了碎片化时间，用户需要花几小时在手机上玩糖果传奇、绝地求生和部族战争。虽然他们在游戏中赚到了某种通证，但既不能被兑换成法定货币，也不能在游戏之外消费。

"Play to earn"却能改变这种状况。如今，很多玩家已经从 Axie Infinity 等平台上获得了收益，利用自己的奖励来补充收入。这些交易是使用以太坊完成的，利润可以被交换成在现实世界中使用的法定货币，也可以交换成另一种 Crypto。

4. 网上购物

如今，网上购物已经相当方便，比如：亚马逊和 Flipkart 等品牌就为人们提供了快速送货和多种品牌进行选择。可是，依然存在一些需要解决的问题，比如：精确的尺寸、退款过程中的小故障、某一特定物品在现实生活中的样子，尤其是在买衣服的时候。

比如，对于销售眼镜的商家，可以采取虚拟试戴的措施，只要使用摄像机，就能显示不同眼镜架在用户脸上的样子。这时候，用户不仅是为自己买东西，还能出现一种虚拟时尚和虚拟形象皮肤的新概念。

随着人们工作时间的改变，虚拟环境中的试穿可能变得更加重要，在元宇宙中你的虚拟形象可能会为你挑选正确的领带。

5．旅行和旅游

当旅行受到限制时，古希腊和埃及 VR 旅游变得很受欢迎，游客完全可以沉浸其中。

有些旅游元宇宙的 App 使用 MR 技术，可以为司机做指导，还能提供与景点相关的信息，将旅游攻略聚集在一起，获得更加愉悦的体验。比如，参观博物馆的人可以自动收到更多关于展品的背景和信息。

此外，办公室使用元宇宙进行协作，员工就不用长途跋涉，节省了预算和交通费用。

6．线上聚会和音乐会

比如：Houseparty、Netflix Party、Eventbrite 和 Instagram 等都推出了一系列新功能，允许用户进行更多的视频互动，改变了人们在家里的聚会方式。不过，它缺乏真实生活派对的"外观和感受"。

元宇宙，却能弥合这一鸿沟。比如，Sandbox 项目，建立在以太坊区块链上，用户可以购买土地、建造房产，去做他们想做的任何事。说唱歌手 Snoop Dogg 甚至还在"Sandbox"中重建了自己的豪宅，并向用户提供贵宾票，让他们参加自己的音乐会。

7．拥有在线数字财产

在现实生活中，艺术品和土地一直都吸引着投资者。在元宇宙中，房地产企业就能在网络的虚拟土地上建立屋舍。如今，涉足元宇宙的人越来越多，有些人已经理解了元宇宙中"土地"的价值。作为 NFT，土地具有一定的价值，有些投资者已经在 Decentraland、Sandbox 和 Cryptovoxels 等项目中进行下注。

8．在元宇宙中冒险

现实生活中，有些人会无止境地追求刺激，游览一些主题公园、参加跳伞等冒险活动。

随着 VR 技术的不断进步，即使是普通人，也能体验同样的刺激活动。例如，相距遥远的朋友可以相约去参与皮划艇、赛车、爬山、跳伞、坐过山车等活动，甚至去太空旅行。

如今，有些游戏玩家已经尝到了其中的乐趣。比如，Second Life、星战前夜 EVE Online、我的世界 Minecraft 等，已经让用户体验到，完全虚拟的世界可以对现实世界进行复刻，同时拥有社会功能和规模经济。

9. 改变人类与计算机的互动方式

触摸屏出现几十年后，才通过 iPhone 进入大众市场，带来了日常生活的改变。只要 VR 硬件在"元宇宙"之后变得更加普及，在空中移动手指操控计算机也能变得十分平常。

10. 这些都与 DeFi 联系在一起

在元宇宙的世界，DeFi 这样的解决方案正在兴起，比如，采用购买 NFT 和数字资产的方式，出售门票、交换通证，以及产生其他交易。

如果传统银行继续对这方面不重视，生活在元宇宙的人在增加，DeFi 就会因成倍增加的交易数量而激增。目前，每个元宇宙平台都在试图使用不同的加密通证，Facebook 的元宇宙可能会围绕它的稳定币 Libra 开展。

11. 元宇宙将改变用户购买的技术

元宇宙多种多样，应用也多种多样。就像拥有个人电脑的人买一个键盘和鼠标回家一样，如果元宇宙融入我们的生活，很可能会改变我们在数字世界生存所需的技术。

App 使用简单的摄像头，就能获得元宇宙的功能，比如，内置在任何笔记本电脑或手机中的摄像头。如此，就能在 MR 模式下运行。也就是说，你的屏幕显示的是摄像机看到的真实世界，但上面有一个半透明层，由 App 提供，就像口袋妖怪 GO 的用户界面。

更有雄心和更全面的元宇宙 App 会使用 VR 耳机。而 VR 耳机的顺利运行需要一部高端手机，或一台功能强大的笔记本电脑或台式机，并配有良好的显卡和处理器。VR 耳机移动时不方便使用，但对于员工在家办公却是一个福音，可以让这些员工享受到一种沉浸式体验。

赋能实体：元宇宙虚拟维度下的实体活力

元宇宙并不会以虚拟经济取代实体经济，而会从虚拟维度赋予实体经济新的活力。

案例1：

大众汽车在全球分布的64万名员工，都能通过 Innoactive Hub 混合现实部署平台，在新规划的虚拟工厂中进行生产计划测试，实景检查设计环境中的障碍物、车辆通路、仓储安全性等精确细节。全球采用一致工厂设计、检测方案，高效沉淀出一套知识体系、培训课程，员工可以在虚拟实验室中熟练掌握300多种车型的安装维修技能。

案例2：

奥迪生产实验室，构建了类似于"产业元宇宙"的应用。采用虚拟现实技术，员工就能以最小空间完成跨国运输中敏感易损汽配件的包装；在AR增强现实技术的指导下，正确组装1000多种零配件，产出120种发动机。此外，员工还能利用虚拟汽车展厅，为有购买意向的消费者提供VR沉浸式汽车配置选择。

元宇宙能够赋能产业数字化、网络化、智能化转型，包括设计、生产、运输、交付等产业链各环节，应用遍布制造、建筑、汽车、物流、城市、能源等实体产业。

第一步,产业链数字化。对生产线或产品进行传感捕捉,打造孪生商品或工厂模型。

第二步,产业链网络化。通过5G或物联网,将生产线环境与产品数据实时上传到AI超算中心,实现生产大数据的在线融合,形成"指标孪生"。

第三步,产业链智能化。基于生产数据,训练出自动化或半自动化决策模型,沉淀知识图谱和产业大脑,通过机器人或机械手反向指挥生产参数调整,形成"决策孪生"的价值闭环。

一、实体产业数字化和数字产业化

数字空间的虚拟工厂与物理空间的实体工厂实时同步,线上检测异常、优化方案、仿真测试,线下小批量验证、大规模推广。产业元宇宙从数据入口、网络融合、智能自动化逐步升级成熟,共同推进"实体产业数字化"和"数字产业化"。

如果说消费元宇宙追求大众客户的极致体验,那么产业元宇宙就是追求极致效率与成本。前者通过VR、AR等仿真技术来实现更"真实"的消费服务环境与沉浸式体验,后者则是通过数字孪生、工业智能技术实现产业流程再造与产业能效持续提高。

二、产业元宇宙与消费元宇宙是"一体两面"

在数字经济与实体经济双融合的体系内,产业元宇宙与消费元宇宙是"一体两面"。

从设计到消费,基于元宇宙基础设施,产品能够同步实现数据融合、指标融合、知识融合和决策融合,充分发挥线上数字科研、数字实验的实景设计、敏捷迭代、低成本试错、知识图谱、自主演进等六大优势,形成一个完美的价值闭环。这也是企业登陆产业元宇宙新大陆的战略必修课。

在产业元宇宙中，新工厂的全生命周期，包括方案设计、模拟测试、建设运营、优化改进，都能采用数字化、虚拟化、智能化等手段，进行预测与改进。

第三章

构建真实的虚拟现实的三种方式

方式一：通过 VR 实现沉浸，通过 AR 实现叠加

一、沉浸式路径

1. 何为沉浸

沉浸式路径的代表是 VR 技术，比如，人们佩戴 VR 设备，就能成为虚拟数字人（靠算法实现的系统），进入一种"万物皆备于我"的沉浸式专属场景。这种场景既是沉浸的，也是内卷的。

所谓内卷，就是封闭的自己的世界，只要戴上 VR 头盔，就能接触到它。这时候，当事人无法观察周围的一切，只能看到头盔中的数字屏幕呈现出的另一种现实，而这种现实几乎是不受限制的。正如科幻小说《三体》的作者刘慈欣所说："VR 让人变得越来越内向，我们变成一种越来越内向的文明，而不是向外去开拓探索文明。"

随着技术的进步，这种沉浸感可以通过 VR/AR 设备乃至脑机接口达到，未来 VR 眼镜等元宇宙端口也会成为像蓝牙耳机一样的标配。同时，虚拟世界和真实世界相互融合，"线上 + 线下"的沉浸式场景也将成为元宇宙的重要组成部分。

2. 沉浸的本质

从本质上来说，所谓沉浸，就是让人们专注于当下的目标，进入由设计

者营造的情境，忘却真实世界场景，带来虚拟的、精神层面的感受和感知。比如，App 登录场景，是用户打开应用的第一步，多数应用的登录与注册的样式都比较简单，与沉浸式场景格格不入。非浸入式登录页面使登录路径同应用场景，如看电影、社交等，完全切割，就像你正想好好享受一番电影之旅，突然跳出一个风格完全不搭的登录页面，打断了你的体验想象，效果自然就非常差：用户既不会注册登录，场景体验还会被打扰。

3. 构建沉浸式登录的方式

在元宇宙蔚然成风的当下，各类应用的登录场景都更具沉浸感，沉浸式智能登录也就成了一道新命题。

构建沉浸式登录的方法如表 3-1 所示。

表 3-1　元宇宙沉浸式登录方法说明

方法	说明
场景浸入模式	场景浸入模式是一种全屏模式，视角较大，没有边框，可以在潜移默化中对用户造成该应用没有限制的心理暗示。这种模式是滚动的、动态的，除了横滚、纵滚、切屏播放等动态播放设计，还会在应用启动后直接进入浸入式视角，加强用户感知体验
使用浸入模式	该模式一般以横屏或竖屏方式展现，背景采用静态图片，虽然不会像场景式那样生动，但可以直观地体现该应用的核心用途。因此，插入使用场景图片，或置入部分元素布局，就能高度贴合业务场景，增强用户的交互体验
半屏或弹框登录模式	该模式能够快速地让用户进入沉浸式状态，使用户在登录时不会跳戏，甚至回忆串联起刚才的行为

二、叠加式路径

1. 何为叠加式路径

叠加式路径的代表是 AR 技术。AR 的定义很广泛，涉及的技术种类也很多。目前，主流的 AR 是指，通过设备的识别和判断（二维、三维、GPS、体感、面部等识别物），将虚拟信息叠加到以识别物为基础的某个位置，并显示在设备屏幕上，实现虚拟信息的实时交互。

简而言之，所谓 AR，就是在现有条件上的叠加和外拓，比如，给普通机器人加入皮囊和皮相，注入灵魂情感，让它成为仿真机器人。该机器人是一个实体，是一种单纯的操作程序，主要依靠内置的程序对具体情况进行简单的判断，然后进行固定操作。

二者的区别主要体现在：利用 VR 技术，可以打造一个虚拟世界；利用 AR，则可以将虚拟和现实相结合，为人们打造出一种理想的娱乐和现实的全新体验。

2. 虚拟数字人

虚拟数字人，既是元宇宙的构成元素，也是人机交互的入口。其以仿真机器人大脑作为底层系统，借用仿真机器人大脑，不仅能主动理解用户，还能为他们提供服务。因此，为了人类的不断发展，就要提高 AR 设备的发展速度。

可是，目前 VR 设备的销量远高于 AR。何时才能改变这种状况？据说，苹果公司将于 2022 年或 2023 年推出 AR 设备。在苹果公司陆续推出几代产品之后，AR 的时代才会渐渐来临。目前，在元宇宙世界里，苹果公司的话语权还不太大，甚至连库克也多次表示："不要跟我谈元宇宙，要谈就谈 AR。"苹果公司致力于 AR 的决心由此可见一斑。

方式二：传统加元宇宙实现渐进，用户打造实现激进

一直以来，通往元宇宙的路径有两种方式：激进路径和渐进路径。

一、激进路径

代表是 Roblox。

这款游戏兼容了虚拟世界、休闲游戏和自建内容，游戏中的多数作品都是用户自己创作的。苹果市场经理特里斯坦·科斯明卡曾表示：游戏不仅有头有尾，还具有一定的挑战性。Roblox 不是"游戏"，而是一种"手机应用"。他说："在 Roblox 中，有些体验我们并不认为是游戏。"

其实，2004 年上线的 Roblox，从一开始就没有为用户提供游戏，只提供了开发平台和社区；为了吸引用户，设定了创作激励机制，打造了一个完全由用户打造的去中心化世界，任何人都能进入这个空间进行编辑、创作剧本或设置游戏关卡等。

2019 年 5 月 29 日，Roblox 和腾讯推出了本地化的 Roblox，专门为中国内地用户服务。

2021 年 11 月 9 日，Roblox 的电子游戏"Meep City"和"Adopt Me"，依然保持了巨大的需求，公司股价在盘后交易中上涨了约 33%。

二、渐进路径

代表是《堡垒之夜》。

这是一种比较典型的渐进模式。《堡垒之夜》的每个赛季都会设定一个贯穿始终的主题，该主题的表达可以看作一场循序渐进的"舞台剧"。如果玩家每天都进入游戏，就能留意到吃鸡模式地图上的点滴变化，这些变化最终都会指向赛季末的一个惊喜（或惊吓）。

《堡垒之夜》是当今世界最畅销的游戏之一，其用传统游戏的方式吸引用户，同时增加了社交、经济等元宇宙要素。比如：在守护家园模式中，为了应对夜晚来袭的各种怪物，玩家不仅要不断扩大屏障，还要搭建堡垒和陷阱；为了增强自身和堡垒的防御力，玩家还可以通过闯关和抽奖等方式获取枪械图纸、陷阱和角色卡。

在空降行动模式中，每名玩家不仅可以与99名玩家进行竞争，还可以2人组队、4人组队，一起与其他队伍进行对抗。为了应对暴风眼的来临，玩家必须不断地收集物资，搭建房屋，进行玩家之间的对抗，直到打败所有对手，成为选拔胜出者。

在嗨皮岛模式中，玩家可以创造自己的岛屿和地图，还能邀请好友一起玩，甚至还可以玩其他玩家设计的地图，只不过需要代码。

方式三：通过通用协议实现开放，独家垄断则是封闭

在元宇宙的发展过程中，开放式与封闭式两种路径同时存在。

一、开放式与封闭式路径的区别

这两种路径在手机市场上体现得比较明显，比如，苹果系统就是一个封闭系统，其软硬件都是封闭的，是一种"我即宇宙"的状态；与之相反，谷歌公司的安卓系统却开放了自己的生态，每个人都能使用，是一种"宇宙即我"的状态。而华为既有自己的鸿蒙系统，也有智能设备，其路径是"我和宇宙"。

开放式路径类似于 Roblox 的路径，主要是通过激励参与者运行社区与生态；封闭式路径类似于 Facebook 的路径，主要是通过公司运营不断增强元宇宙体验。采用开放式路径，元宇宙运营方就要建立完善的激励机制，比如，去中心化的自律组织。为了满足这种需要，元宇宙就需要 NFT。

开放的、可互操作的技术为元宇宙的扩展提供了最可靠的方式。虽然封闭系统和专有技术具有短期优势，但在规模上却存在固有限制。任何单一产品或产品套件都无法解决所有问题，只有将产品更灵活地组合，才能满足这一需求。

开放的软件和硬件生态系统，可以为元宇宙中的创造者和消费者提供更

多的选择空间，让他们接触更多的内容、工具和平台供应商。这是一个良性循环。

二、元宇宙的终极形态是开放性和封闭性的完美融合

元宇宙的终极形态，是开放性和封闭性的完美融合。

如同苹果和安卓可以共存一样，未来的元宇宙不可能一家独大，也不可能少了超级玩家。

超级玩家会在封闭性和开放性之间保持一个平衡，这种平衡有可能是自愿追求的，也有可能是国际组织或政府要求的。因此，未来的元宇宙会是一个开放与封闭体系共存甚至可以局部连通、大宇宙和小宇宙相互嵌套、小宇宙有机会膨胀扩张、大宇宙有机会碰撞整合的宇宙，就像真实宇宙一样。

未来，元宇宙会由多个不同风格、不同领域的元宇宙组成更大的元宇宙，用户的身份和资产原生地跨元宇宙同步，人们的生活方式、生产模式和组织治理方式等均将重构。这个全量版元宇宙将会承载更大的商家价值，新的创业公司也会在细分领域崭露头角、百花齐放。

第四章

元宇宙通往真实虚拟现实的必备要素

身份：现实中人在元宇宙里的化身

在元宇宙中，你可以拥有一个或多个虚拟身份，与现实身份无关。

文艺复兴时期，以个人从压迫性的、自上而下的宗教暴政中崛起为标志，艺术也从 2D 轮廓和原始视角向 3D 表现和照片写实风格转变。元宇宙中的身份属性，提供了类似的范式转变。

一、何为身份

何为身份？本义是指人的出身和社会地位，引申义则有很多，比如：身价、身体、模样或姿态或架势、手段或本领、行为或勾当、质地或质量等。在物理世界中，我们的身份很大程度上与我们的物理形式有关。其实，只要使用肤色、眼睛颜色、头发颜色、性别和身高等，将个人的财产注册到中央数据库，查询他的身份证，就能知道这个人究竟在哪里。

对于元宇宙来说，身份是一种数字化的存在。在元宇宙里，数字身份会作为一个独立的个体长期存在，只有不同身份之间产生各种关系，元宇宙的虚拟世界才能真正运转起来，这就是元宇宙的身份系统。该系统可以在一定程度上隔离跟现实世界的联系，让人与人之间构成一种全新的社会关系。

二、元宇宙里的身份是用户独有的、虚拟的

元宇宙里的身份是用户独有的，用户可以将化身表达为任何自己想要成为的人或对象，就如《雪崩》里描写的那样："每个人的化身都可以做成自己

喜欢的任何样子,这就要看你的电脑设备由多高的配置来支持了。即使你模样很丑,也仍旧可以把自己的化身做得非常漂亮。哪怕你刚刚起床,你的化身仍然能够穿着得体、装扮考究。在超元域里,你能以任何面目出现:一头大猩猩,一条喷火龙……"

同时,元宇宙里的身份也是虚拟的,即数字化身份或虚拟化身。通过这一虚拟化身,人们就能重新创造自己,构建自己的第二人生。只要将该虚拟化身接入去中心化数据库,个人行为产生的所有数据都将属于自己。除了自己,任何人都无法掌控你的人生。

三、数字人的核心是 AI

无论是虚拟偶像,还是我们未来在元宇宙中存在的"分身",从本质上来说,都是在数字化特性下虚拟化身的体现。但不同于游戏中创建的虚拟角色,元宇宙中的"分身"不仅能代表我们的身份,还需要和在现实生活中一样社交、娱乐等。其实,这个"分身"就是元宇宙社会学中的"数字人"。

数字人的核心是 AI,只有借助足够智能化的 AI 支撑,在没有人为控制下,数字身份才能继续行动。比如,当元宇宙中的好友来找你时,数字人并不会处于"掉线"状态,只会及时将这一信息传达给你。

四、智能合约是元宇宙世界治理体系的关键

在元宇宙中,只要建立数学契约,各人的虚拟化身就会受到多个数学契约的智能监督,一旦违约,都能瞬间被警报或禁止。

另外,在 Meta(脸书新的名称)的元宇宙的场景中,虚拟化身更多地会以一个完整的人身,即面部+身体来虚拟重建,参与游戏或与其他伙伴协作办公、创作等。例如,在小红书上就有一款现象级的身体重建产品,叫 3D body visualizer，用户可以根据自己的实际身高、体重、运动频次等重建3D虚拟身体，基本上跟实际的体形吻合，接下来只要通过动作捕捉camera，对人体的关键点进行检测跟踪，就能驱动虚拟人身。

未来可以期待的虚拟化身是，每个人在数字孪生的空间中拥有另一个自己的形象，由现实中的自己驱动虚拟世界中的自己与世界和他人交互。

元宇宙浪潮下，不可忽视虚拟化身。

朋友：身处其中，可跨越时空做朋友

在元宇宙中，你可以拥有真人或 AI 朋友，可以社交，无论在现实中是否认识，这一点也已在各种游戏或社交应用中实现，只不过当前这方面的 AI 一般还不太智能。

互联网发展至今，用户的沉浸感越来越强，虚拟与现实的边界也逐渐缩小。按照这种趋势发展，沉浸感和参与度都达到峰值的元宇宙，必然会是互联网的终极形态。而在社交领域，经历了 PC 社交网络、移动社交网络、算法兴趣平台等后，社交网络也正逐渐进入身临其境的虚拟世界。而元宇宙虚拟世界是首选，目前甚至已经出现了"社交元宇宙"的概念。

一、何为社交元宇宙

最先提出"社交元宇宙"概念的 App 是腾讯旗下的"Soul"，其依托虚拟化的人物形象、游戏化的场景等产品设计，为用户带来沉浸体验，提高了用户黏性。同时，通过以 UGC（用户原创内容）为主的产出方式，Soul 的内容生态就会极为丰富，呈现出极大的规模效应。此外，Soul 还可能建立起相应经济体系，为用户提供娱乐、互动、交易等体验。

这些尝试开了社交元宇宙的先河，虽然距离真正的社交元宇宙还很远，但已经具备了元宇宙社交的某些特性。

与社交元宇宙相比，当下的虚拟社交，主要指的是人与人之间通过互联网借用信息技术来完成人际交流与传播，手机为主要交际的载体。比如，微信、QQ、微博已经成为日常生活中必不可少的一部分，从文字、图文，再到短视频，我们的日常工作、交际、生活都离不开它们，虚拟社交是目前使用最广泛的社交方式。

二、元宇宙社交的价值

虚拟社交突破了时空的限制，扩大了我们的交友范围，但是社交过程中又缺少了实体社交的真实性与趣味性，隔着手机屏幕，始终好像隔着一层冰。相比之下，在元宇宙社交中，借用全息虚拟影像技术，不仅可以还原真实场景，借用一些辅助设备，还能极大地增强用户的使用体验，增加用户黏性。可见，跟虚拟社交比起来，元宇宙社交的用户互动优势更加明显，更像线上社交与线下社交的结合体。

在元宇宙里，通过社交可以交朋友，可以畅聊。比如，字节跳动在海外（东南亚地区）上线了一款名为"Pixsoul"产品，主打元宇宙社交等。

三、元宇宙在社交方面的优势

VR 和 AR 将元宇宙在社交方面的优势体现得淋漓尽致。VR 和 AR 直接将社交的交互层面从平面提高到了立体层面，多一个维度所带来的信息量与交互丰富程度是完全不一样的。这方面的例子在现实中也有很多。

VR Chat 是一款大型多人线上虚拟现实软件，玩家们可以通过虚构角色彼此交流，比如：创造来自各个知名 ACG 系列的重要人物，并将其作为他们的角色。并且，这些模型可以支持"声音对嘴、眼动追踪、眨眼和动作"。于是，通过 VR Chat 就能以更丰富的肢体语言在不同的虚拟世界中与来自世界各地的人们进行交流。

一直走在 AR 前沿的微软，在 2021 年 3 月正式发布了 Microsoft Mesh，一种全新混合现实协作平台。佩戴 AR 设备 Hololens2，就能设置一个虚拟形象，并与他人在同一个空间协作，一起完成设计或讨论。比如，一起来设计一个水管，每个人都能通过手部动作来随意调整水管的设计，还能为 3D 设计图勾画出自己想要修改的部分。这种协作方式借用 AR，不仅可以达到线下开会、面对面高效交流的效果，还可以简化设计和修改工作，极大地提高了沟通效率和设计效率。

　　元宇宙将 AR、VR 和人工智能等很好地结合在一起，可能是现实中社交升级的突破口，是解决未来社交问题的相对完美的路径与方式。AR、VR 和人工智能打造的立体化的场景、无缝衔接的现实与虚拟、强大的人工智能换算能力，不仅能完全补齐现实中沟通交互方面的短板，还能进一步体现元宇宙在社交方面的全新体验和表达优势。

沉浸感：沉浸其中，忽略真实的世界

在元宇宙中，人们可以沉浸在元宇宙的体验当中，就像周遭的一切都是真的一样。

一、何为沉浸感

沉浸感是人对计算机系统创造和显示出来的虚拟环境的感觉和认识。只要参与者置身于虚拟环境中，感觉系统就会以一种与在真实环境中相同的方式，对来自虚拟世界的视觉和其他感知数据进行处理。

在元宇宙里，沉浸式的体验就是身临其境的感觉，无法分辨出虚拟世界与现实世界的边界，虚实共生，虚实融合。沉浸式体验带来的沉浸感是元宇宙的精神之源。进入元宇宙并沉浸其中，就能获得充盈的快乐感觉，也就是说，元宇宙能够带来更强大的精神快乐。

二、沉浸式体验的特征

沉浸式娱乐注重体验，喜欢参与氛围感，是新时代人群的玩物。

如今，沉浸式的娱乐方式已经在全球经济中形成了产业，很多产品和企业都开始布局。例如，在腾讯电竞V-Station体验馆，通过炫酷的V形通道，就能看到很多电竞的"第一次"；中国第一个走向世界的冠军、第一面飘扬在海外电竞舞台的五星红旗……玩家能够身临其境，切身感受到赛场超燃的激动时刻，享受颠覆性体验。

在电影《头号玩家》的场景中，只要戴上 VR 设备，用户就会像经过时空隧道穿越到另一个时空，开启独树一帜的人生……

三、沉浸式体验需要五感的参与

从设计开发的角度来说，要想感受到最佳的沉浸式体验，需要尽可能地调动五感，即视觉、听觉、触觉、嗅觉、味觉等五觉。如此，沉浸感体验才是完整的，人们才能在这个世界里生存和生活，塑造完整的元宇宙生态。

四、沉浸式互动设计的特征

为了长时间吸引参与者的注意力，还要尽可能地排除其他干扰。所以，沉浸式互动设计有两大特征：一是需要调动声光电，二是需要一定的外部环境。

比如，发光跷跷板的沉浸式互动设计。人只要在跷跷板上起伏，跷跷板灯的强度和音乐声就会出现细微的改变，玩乐者就能感受到来自身体节奏的独特回响，就像穿越到两小无猜的当年。

再如，瀑布秋千的沉浸式互动设计。秋千上方装有监测器，可以立刻捕捉荡秋千人的特征、速度等信息，计算水的降落时机，既可以营造独特的空间，也不会淋湿，非常有趣。

又如，布料游戏的沉浸式互动设计，该互动装置可以在网络虚拟用户和现实用户之间建立联系。使用 Java 和 Html5 开发工具，将装置显示在网络上的界面投影在地板上，就能营造一个沉浸式的环境，用灯光和声音对参与者的位置做出反应。

总之，元宇宙涉及的沉浸式场景应该更加混杂和全面。这方面，用 XR 往往更贴切，因为 XR 本身就是 VR、AR、MR 以及尚未开发的沉浸式技术的总称。当然，元宇宙是虚拟和现实可连接、可感知的通道，产生的巨大想象空间还能带来新的商机。

低延迟：元宇宙中的一切都是同步发生的

在元宇宙中，人们几乎感受不到网络带来的延迟，体验完美。

一、何为低延迟

延迟也称为时延，是指数据从网络的一端传送到另一端并返回所需要的时间。在元宇宙里，低延迟意味着元宇宙中的一切都是同步发生的，没有异步性或延迟性，用户可以获得几乎无延时的完美体验，实现整个空间上的时间统一。

在科幻电影《头号玩家》中，主角韦德在贫民窟的破旧车厢里，穿戴上VR设备后，在虚拟世界绿洲中成了另一个自己帕西法尔，结识了身份不明的女孩阿尔忒弥斯。帕西法尔被打，韦德的肉身就会立刻感到疼痛。主角在现实世界中的任何轻微动作，都会影响到其在元宇宙的角色帕西法尔，这就是低延迟带来的同步。

二、元宇宙中的一切为什么会同步发生

元宇宙中的一切为什么都是同步发生的？答案就在于5G网络。

4G网络的时延为20-100毫秒，而5G时代的时延逐步下降到约5毫秒。

在智能制造、远程机械控制、辅助驾驶和自动驾驶等领域，基于5G技术的业务对网络差错的容忍度都非常小，需要稳定的通信网络；同时，它们对网络时延也提出了更高的要求，只有网络时延达到1-10毫秒，才能提供有力支持和可靠保障。

5G的5毫秒左右时延，必将使自动驾驶和车联网等领域迎来大爆发。元宇宙要求高同步低延迟，用户可以获得实时、流畅的完美体验。所以，未来5G大约5毫秒的低延迟特性，会让元宇宙的体验更加完美。

三、时延缩短离不开基础设施

回顾在线实时娱乐的发展历程，就会发现，时延缩短可以让早期的单向直播逐渐发展到线上语音连麦等实时互动。4G的20-100毫秒虽然可以满足视频会议、线上课堂等场景的互动需求，但远不能满足元宇宙对于低时延的严苛要求。

VR设备的一大难题是，传输时延造成的眩晕感，其指标为转动头部到转动画面的延迟，5G带宽与传输速率的提高，能有效改善时延并减弱眩晕感。诺基亚贝尔数据显示，5G端到端时延可以控制在10毫秒以内，以后大约会达到5毫秒。

在元宇宙中，要想快速传输大量数据，就要使用强大的通信基础设施。受限于基站数量，5G实际传输速率，很可能根本就无法达到其设计水平。而根据对6G网络技术的展望，6G时延有望缩短至5G的1/10，传输速率有望达到5G的50倍，真正实现元宇宙低延迟的关键特征。

5G时代，网络基础设施的进步可以有效改善VR系统的延迟问题，大幅增强 VR 体验，为 VR 内容等产业链的发展提供支撑。例如，2021 砂之盒沉浸影像展，涵盖沉浸式交互作品、360°全景视频、实时线上演出以及声音交互等形式，通过直观的体验、新锐的创意，可以让用户领略到沉浸式媒介的魅力。

多元化：可以多元化地进行各种交互

元宇宙可以提供丰富、差异化的内容，任何人都可以在里面找到适合自己的宇宙。这一点主要依赖于场景和内容的设计。

一、何为多元化

多元化，主要包括两种含义：一是指由单一向多样发展，由统一向分散变化；二是指多样的，不是集中统一的。对于元宇宙来说，多元化是指元宇宙能提供多种内容、道具、素材，以及由此构成的丰富多彩的世界。此外，多元化还体现在元宇宙不是一个而是多个。

文森特·莫斯可在《数字化崇拜》中写道："正如牛顿所描述的，宇宙被视为一座巨大的钟表，受制于一系列相互牵制的机器零件，今天的宇宙正日益被看作一台巨大的电脑。"相反，元宇宙则是将计算机和网络技术打造的虚拟空间，想象成一种时间和空间接近无限的"宇宙"。

前者近乎宇宙的计算机化，而后者则是计算机的宇宙化，并不能回答天文地理上的问题，而是面向人类自身和创造出来的虚拟世界。所以，元宇宙不是只有一个，而是有无数个。

未来，元宇宙可能并不会由类似《雪崩》里的"计算机协会全球多媒体协议组织"垄断经营，只会形成由多个巨头打造的元宇宙群，或"多元宇宙"，用户会在多个元宇宙中来回穿梭。

二、多元化体验究竟是怎样的

元宇宙具备对现实世界的替代性，通过元宇宙，用户就能获得涵盖游戏、社交、内容、消费等内容的生活体验，甚至拓展到更多的线上线下一体化的生产体验，步入千行百业的数字化时代。

1. 游戏为用户提供更加沉浸、实时和多元的泛娱乐体验

游戏，是一个基于现实的模拟、延伸和想象而打造出来的虚拟世界，其形态与元宇宙极其相似，游戏自然也就成了元宇宙搭建虚拟世界的底层逻辑。同时，元宇宙也能在游戏基础上进一步延伸，如表4-1所示。

表4-1 元宇宙游戏基础端延伸说明

延伸	说明
虚拟世界	虚拟世界的搭建主要依赖于游戏技术的实现，游戏的产品形态与元宇宙相似，为元宇宙提供了更多的展现方式
虚拟身份	游戏和元宇宙均给予用户一个虚拟身份，个性化打造形象，基于该虚拟身份进行娱乐、社交、交易等一系列操作，并形成一系列社交关系
游戏引擎	游戏引擎，是元宇宙打造高沉浸度和拟真度的虚拟世界的必需能力。作为超大规模实时交互的超级数字场景，元宇宙要想处理高度拟真和丰富信息量的特性，需要具备多种能力，还需要以高效率、工具化的形式提供给开发者和内容创作者。因此，要想实现更加拟真的效果，不仅要产生游戏引擎，还要在发展中不断突破次时代技术能力
单体游戏	作为元宇宙的初级形态，单体游戏在沉浸感、自由度和内容衍生等方面，比元宇宙具有更大提高空间。比如，开放世界游戏为用户提供高沉浸度和自由度的探索体验。以Take-Two旗下经典游戏GTA5为例，游戏试图打造一个虚拟城市，一个细节丰富且高度自由的大地图"洛圣都"。玩家在推进主线剧情的过程中自由探索城市的细节，参加一系列非线性的支线任务、驾驶改装载具街头竞速以及一系列现实世界中无法完成的操作等

2. 为用户提供游戏性和虚拟化身相结合的社交体验

元宇宙能够为用户所提供的社交体验的核心在于：游戏性带来的高沉浸度社交体验和丰富的线上社交场景，同时虚拟化的身份能够扫清物理距离、社会地位等因素造成的社交障碍并且给予用户更强的代入感。

（1）社交体验和社交场景。元宇宙是在游戏架构的基础之上打造的虚拟世界，为用户提供高沉浸度的体验。同时用户的各种游戏行为本身承载着社交功能，以《魔兽世界》为例，玩家之间的公会、好友系统承载社交属性，并且通过战场、副本等模式形成社交互动。此外，像《魔兽世界》《剑网三》等MMORPG游戏中组队刷副本（意思是自己或者组的团队，找相应的NPC传送到副本一起赚积分、经验、刷怪、做任务、完成对BOSS的击杀，这个副本就打完了，也就是刷完了。在副本里配合是关键，另外刷副本升级很快）和阵营大战，以及像《王者荣耀》《和平精英》等竞技类游戏中多人组队开黑的机制。而《摩尔庄园》的加入，将游戏上升到社交活动的高度，极大地丰富了社交场景。

（2）代入感。通过个性化建立虚拟身份，用户就能打造成自己喜爱的样子，享受更强的代入感，比如，Roblox拥有丰富的Avatar商店，用户可以创造道具，彰显个性。同时，虚拟社交平台消除了一系列社交障碍，包括物理距离、相貌打扮、贫富差距、种族和信仰差异等，用户有机会自由地表达自我。以陌生人社交软件Soul为例，用户在Soul平台上，通过虚拟身份进行社交，就能消除社交障碍，用户拥有更自由的表达空间；同时，持续推送兴趣相投的用户和内容，用户就能形成更强的归属感，Soul也就成了用户缓解孤独并自由交流的"树洞"。

3. 为用户提供更丰富的内容供给和更沉浸的内容体验

元宇宙的本质是持续扩张，从有序到无序的熵增过程，对内容的体量、内容之间的交互以及持续的内容再生有着根本性需求。

（1）只有内容达到足够大的体量，才能被称作元宇宙。目前，很多电影公司和漫画等内容产出者企图通过构建"世界观"打造自己的IP宇宙，比如"封神宇宙""唐探宇宙"等，都可以打造出一个自恰且内容可以不断扩张的世界观。

以现阶段最成功的漫威宇宙系列电影为例，2008年的《钢铁侠》开启了漫威宇宙的序篇，至此已经历了三个阶段，电影《黑寡妇》将开启系列的第四阶段，13年内累计出品23部电影、12部电视剧。漫威电影宇宙建立在漫威漫画的架空世界，与其他漫画、电影与动画等系列属于一个官方认可的多元宇宙。

从漫画到单英雄电影到各英雄的联动发展的同时，漫威也从各类衍生品中加强其宇宙生态的渗透，如游戏、线下乐园等。单一IP或者多个独立IP并不能构成宇宙，打造一系列IP以及它们之间的强关联度，通过各种形态的内容丰富世界观，再加上用户一系列的二次创作才能被称为宇宙。

（2）内容供给和内容衍生。腾讯在"泛娱乐"的概念下，产业链进行全方位的内容供给和持续的内容衍生，完全有潜力发展为内容领域的元宇宙。依靠自己在社交网络等领域的强大影响力，腾讯通过内部孵化，与外部投资在泛文娱板块内积极布局，在网络文学、动漫、在线音乐、影视制作、视频平台、网络游戏等领域都成了细分赛道的翘楚，逐步打造出触角广泛、影响力巨大的文娱矩阵。

整体来看，游戏、影视和音乐是腾讯大文娱整合的三条主线，同时结合社交业务的赋能。游戏围绕"阅文+IEG+斗鱼/虎牙+社交"，建设属于IEG面向Z时代的互动娱乐社区。影视围绕"阅文+企鹅影视+腾讯视频+猫眼+短视频"，提高阅文的IP运营效率和价值挖掘，丰富腾讯体系内容生态。音乐则围绕"阅文/腾讯视频/腾讯游戏+TME+社交"整合，拓展TME在上游版权业务的话语权，并且迭代出长音频、社交等丰富的变现能力。

（3）UGC边界拓宽。宇宙的边界不断扩宽，不仅需要PGC内容（专业生产内容），需要有丰富的UGC内容（用户原创内容）不断拓宽边界。以《GTA》等开放世界游戏为例，单纯第一方游戏内容的边界仍受到专业团队产能的限制，但是随着玩家自己制作的MOD（游戏模组）涌现，可以添加或替换游戏内容，极大地丰富了游戏的内容。

UGC是内容生态的第一级引爆器，以头部内容平台抖音、快手、B站等为例，除了一部分专业的PGC内容生产者，广大UGC内容创作者形成了不断膨胀的内容库，甚至部分UGC的内容生产能力达到了PUGC水平。

此外，大量高质量的UGC内容产出还需要引入AI赋能的内容创作。目前已有公司在探索AI创作，如Roblox使用机器学习能将英语开发的游戏自动翻译成其他8种语言，包括中文、法语和德语，同时像新华社联合搜狗，以及字节跳动、百度、科大讯飞等厂商均已推出AI虚拟主播并实现交互等功能。

（4）内容呈现方式更真实、更深入。相比传统视频，元宇宙下的内容以更真实、深入的方式呈现如表4-2所示。

表4-2　元宇宙内容呈现说明

呈现	说明
影视方面	内容或以AR/VR的互动剧的形式呈现，增加用户的体验感；或者结合多人社交互动模式，打造成沉浸式线上剧本杀；或者通过人工智能实现真正意义上的开放式剧情，打造多重分支，并根据玩家选择匹配相应的剧情等
音乐方面	可以实现音乐结合沉浸式MV体验，或结合K歌模式直接有机会和喜爱的歌手、爱豆在虚拟舞台上共同表演
小说阅读方面	可以实现沉浸式小说体验

随着内容体验的进一步升级，我们认为元宇宙有望比当前的主流交互形式如短视频、音乐等形式获取更多的用户时长，尤其是对于原生互联网受众群体。

4. 重塑用户消费体验，重新定义数字资产价值

（1）沉浸式消费。元宇宙时代下，用户的消费体验或将迎来新的一波交互体验的升级，在AR、VR等技术的带动下，更加沉浸式的消费或将成为常态。通过运用AR和VR技术，用户将会获得更加直观而且沉浸感更强的购物场景，获得更佳的购物体验。

新氧为用户提供AR检测脸型的服务，通过手机扫描脸部推算出适合每位用户的妆容、发型、护肤品等，使用户在手机上就能远程体验到专业的美容建议。得物App的AR虚拟试鞋功能允许用户只需要挑选自己喜欢的鞋型和颜色并点击AR试穿即可看到鞋子上脚的效果，避免了去线下试鞋或快递收到鞋后发现上脚效果不好看再退换货的麻烦。

元宇宙时代，沉浸式的消费体验会是新的流行趋势，用户的消费体验将与以往大不相同，沉浸式消费将不仅仅局限于购买衣服鞋子等小件物品。AR房屋装修、远程看房甚至模拟旅游景点都将成为流行的生活方式。此外，消费者可以触达的信息量将进一步增加，在可穿戴设备和触觉传感技术的加持下，相比当前仅限视觉交互的购物体验来说，触感等或将提供更佳、更沉浸的购物体验。

（2）NFT赋能数字资产。元宇宙时代下，数字资产价值或将被重新定义：

首先，NFT（非同质化代币）实现了虚拟物品的资产化，从而使得数字资产拥有可交易的实体。

其次，NFT实现了一个去中心化的、通用的数字所有权的证明体系，有望实现元宇宙体系内的服务、劳动、创作、道具的资产化，并实现元宇宙内部的数字资产流通交易。

最后，基于NFT，目前虚拟地块、数字艺术已经实现数字资产化，而随着NFT的发展，元宇宙下的数字资产将形成完整的流通交易系统。

Decentraland是基于NFT的虚拟空间应用，每个LAND代币代表着Decentraland世界中由虚拟世界坐标标识的虚拟地块，用户可以自由开展建设，并从内容和应用程序中获得收益。同时Decentraland地块除了在内部平台交易外，还可以通过Open Sea等NFT综合交易平台进行交易，并且Open Sea也支持用户自主NFT化数字资产或交易其他平台的NFT资产。

随时随地：无时无界可以使用任何设备登录

用户可以随时随地登录元宇宙，不受空间的限制。这就要求无线网络覆盖良好，采用 5G 或者 6G 接入元宇宙，就像现在刷短视频一样自然从容。

在元宇宙里，随时随地是指虽然元宇宙的用户、开发者和创作者等都来自不同的地方，但元宇宙是一个空间维度上虚拟而时间维度上真实的数字世界，所有参与其中的个体，都能在不同的终端运行元宇宙并沉浸其中，没有时空限制。

一、只有虚拟时空，才能实现"随时随地"

向虚拟时空的迁跃，是信息技术和人类文明发展的必然结果。元宇宙是人类文明在虚拟时空的存在方式，其出现很可能会改变人类社会对于"自身存在"的主流认知。

所谓虚拟时空，就是与现实时空既相联系又区别的时空形态。其运用特殊的时空构筑手段，变换既定的时空运动方式，能够营造出超常的时空运行状态，勾画特定的时空维度，展现新奇的时空场景，给用户带来特殊的时空感觉和体验。

虚拟时空具有仿真性、非线性、交互性、自主性等特征，赛博空间、信息时空、数字时空等都是对虚拟时空的另类表达。从本质上说，虚拟时空是现代科技的产物，主要依赖于人脑意识或人的空间想象力，与虚拟技术相结合。不过，它是客观存在的，既不是人类的想象空间，也不是捕风捉影的抽象空间，能够展示或呈现出大脑意识图景，虚拟建构现实社会中的场景。

虚拟时空的出现，彻底改变了人类存在的时空向度，解构了以文化、宗教、地理和历史等为标志的地域性空间，分化了以过去、现在和未来为一体的线性时间，重新构造了一个全新的流动时空，使人类生存和发展的时空构造进入一个全新的历史发展阶段。

二、脑机接口联通虚拟时空，助你完成"随时随地"

随时随地的先决条件是没有时空限制，脑机接口就是一个不错的方式。脑机接口可以实现随时随地进入元宇宙，即通过"元宇宙+脑机接口"的科技王炸组合，现实世界的物理时空限制就能彻底消失。

"脑机接口"是近年来脑科学研究取得的一个显著进步。在大脑活动过程中，对脑信号进行编码和解码，脑机接口就可以在大脑和外部设备间建立一种直接的通信和控制通道。不过，只有先对大脑信号进行识别和解析，玩家在元宇宙内从事的所有行为才能成为可能。

脑机接口技术的基础是识别脑信号并对大脑功能区进行定位，但这里有一个非常"硬"的门槛，即解码速度。在单位时间内，设备正确解析出的脑信号越多，使用者对电脑的控制也就越精密。

按照清华大学的实验范式划分，脑机接口主要包括：运动想象脑机接口、基于P300电位的脑机接口和视觉诱发电位脑机接口。其中，视觉诱发电位的解码效率更高，主要是通过对不同频率闪烁产生的反应来识别命令。稳态视觉诱发电位由清华大学首创，目前居于世界领先水平。

总之，利用脑机接口，人与人之间的物理时空限制就会彻底消失。同样，未来企业在大规模组织互联网的加持之下，组织和业务的数字化升级和转型将会朝着"元宇宙"的方向迭代演进，彻底打破时空限制，在更加逼真的共享时空里快速经营。这是一个畅想，也正在发生。当然，首先要解决技术落地和相关的伦理等问题。

经济系统：数字化的创造、资产、市场、货币与消费

元宇宙应该有自己的经济系统，并能和现实世界的经济系统相互映射。目前，所有的游戏及多数应用都有自己的经济系统，不过都还比较简陋，也不能互通。未来元宇宙的经济系统应该基于区块链价值标记并建立互信机制。

经济活动是社会的基础，元宇宙是一个虚拟社会，经济系统至关重要。Epic 游戏公司的首席执行官蒂姆·斯威尼在接受关于元宇宙经济的访谈时说："我们不仅要建立一个 3D 平台，还要建立一个公平的经济体系，所有创作者都能参与这个经济体系，赚到钱，获得回报。"为了满足资产交换和储蓄的需求，元宇宙不能依赖实体经济系统，而应该打造自己的系统。

支撑元宇宙经济系统的要素，主要包括数字创造、数字资产、数字市场、数字货币和数字消费，具体如下。

一、数字创造

通过数字创造，创造出人们需要的数字产品。在物理世界，人们"创造"的都是实物或者服务。我们会用"产品"对其进行描述，当其进入市场进行流通时，就会被称为"商品"。

而在元宇宙中，人们进行的是"数字创造"，创造的是"数字产品"。这

种数字创造的过程是客观存在的。我们在游戏里可以建造楼房、创造城市，在短视频 App 中、在各种平台上可以发布拍摄和制作的短视频，通过微信公众号可以发布各式各样的图文。这些都是我们的数字化产品。

二、数字资产

数字资产让创造的产品有了产权归属。在元宇宙里，人们创造的产品如果进行销售，就必须解决产权归属的问题，必须标记是谁创造的，而且还得避免数字产品被无限复制的难题。

同时，数字资产的形成，需要一个底层的平台，在资产层面提供严格的版权保护和跨平台的流通机制，这样才会形成真正的元宇宙经济。

三、数字市场

数字市场代表了数字世界交易的场所和大家必须遵循的规则，是整个数字经济的核心，也是元宇宙繁荣的基础设施。数字经济蓬勃发展，带来了几种类型的市场扩张。

（1）进行实物交换的电商市场，如我们熟知的阿里巴巴、京东。

（2）市场交换的是创造内容的工具，如手机上的应用商店。

（3）市场中发生的交换，就纯粹是数字内容的交换了。例如，给某段视频或图文材料进行"打赏"，在游戏中"购入"一栋大楼、一个城镇、一辆汽车或一套"皮肤"等。

在元宇宙中，我们着重谈的是第三种，即交换纯粹的数字产品的数字市场。这一类数字市场的雏形已经形成。成熟的元宇宙数字市场，交易产品、创造过程和实际交易也都是在元宇宙中完成的。

四、数字货币

数字货币是元宇宙经济的核心。如果说区块链为元宇宙的经济系统运行奠定了基础，那么原生数字货币就承载了价值转移的功能。元宇宙经济的核心问题，就是数字货币的应用问题。那么，元宇宙数字货币有哪些？具体内容在后面章节论述。

五、数字消费

即消费数字产品。

在元宇宙中，人们一定会消费数字资产，即使作者是建设者，也能拥有数字资产。当然，消费数字资产只能在Web3.0时代才能实现，元宇宙要建立在Web3.0的基础上。

存储，尤其是去中心化的云存储，作为Web3.0的基石，为运行在Web3.0上的元宇宙的发展提供了巨大的技术支持，其价值必将随着元宇宙的爆发式增长而不断扩大。

对于数字产品来说，其生产和消费的场景完全不同，比如，电影、游戏和游戏中的"皮肤"。电影创造于物理世界，并在物理世界中消费；游戏在物理世界中创造，在数字世界中消费。而游戏中的"皮肤"则是在数字世界中创造，在数字世界中消费。

那么，为什么要消费数字资产？不是为了安全，而是为了避免失败的失望和胜利的喜悦。美国心理学家马斯洛在1943年出版的著作《动机论》中提出了著名的"需求层次理论"，提出人的需要可以分为五个层次：生理需要、安全需要、归属和爱的需要、尊重的需要、自我实现的需要。元宇宙中几乎没有基本的生理和安全要求，因为即使你在游戏中死亡，居民仍然安全。所以消费数字资产的理由很简单：获得喜悦。

简而言之，数字创造就是创造出人们需要的数字产品；数字资产是指产权归属很明确的数字产品，数字资产在数字市场上交易；数字市场意味着完善的市场机制，且有交易规则，参与者必须遵循；数字货币是交易的媒介，是整个元宇宙经济系统的核心；数字消费就是通过消费数字产品来获得活动的喜悦。只有具备这五大要素，才能构成更加完善、自成一体的元宇宙经济系统。

现实中，元宇宙经济系统的打造已经出现了很多成功案例，例如，腾讯《罗布乐思》是一种构建在波卡上的跨链协议，可以实现多种异构链之间的资产跨链管理和数据聚合预测分析，目前践行于对 ETH、BTC 和 BSC 链上资产的流动处理。它是继 NewOmega、DOT Mog、Haskell Web3 library 等之后全球第十个完成全部波卡 milestone 的团队，具有强劲的技术推力。由此，腾讯《罗布乐思》也成了元宇宙经济规则的缔造者之一。

文明：元宇宙自我发展出的独特文明

人们在元宇宙中可以创造独特的虚拟文明、数字文明。文明的诞生需要长期的发展培育，这是一个生态系统的运营问题，随着元宇宙的繁荣，文明将会诞生。

文明是人类社会行为和自然行为构成的集合，包括家族、工具、语言、文字、宗教、城市、乡村和国家等要素。跟人类文明比起来，元宇宙文明是一种虚拟文明，在元宇宙中，人们出现在他人面前的虚拟化身，可能也是内心渴望的一种代表。因此，元宇宙中形成的文明形态，既跟物理世界文明形态有着些许相似之处，也有许多不同。

一、元宇宙不是一个而是多个

参与元宇宙的主体众多，各主体都是一个元宇宙，因此，元宇宙不是一个而是多个。各元宇宙中的居民共同生活在一起，会设定共同的规则，创造出各种数字资产，建立起不同的组织结构，逐渐演化成一个文明社会。

不同的元宇宙很可能会对不同的物理世界文明形态造成不同的投射，比如，游戏《第二人生》和《堡垒之夜》的文明形态就明显不同。

人类出现了华夏文明、印度文明、阿拉伯文明等，各元宇宙文明共同构成了精彩纷呈的未来世界。这些不同的文明形态，不仅展示了物理世界文明的复杂性和多样性，也让人们体验到了不同的人生。

二、元宇宙需要面对很多独具挑战性的课题

在现实世界，当下人类的价值取向是完全不同的，甚至是对立的，包括不同信仰，尤其是宗教信仰。

所以，元宇宙需要面对很多具有挑战性的课题：如何才能有效避免简单复制现实世界的价值观？如何实现元宇宙的制度设计？是否要坚持自由、主权、正义、平等原则？怎样确定元宇宙的秩序和运行规则？何以制定元宇宙宪章？一句话，如何确定支持元宇宙文明框架的体系？

从这个意义上来说，元宇宙的文明不仅需要包括社交关系、社群关系、资产确权、治理模式和经济系统，甚至还要包括元宇宙的基本价值观和理念。比如，植入了电商业务的元宇宙，对假货的容忍度为永无权限；再如，B站的"up主"（在视频网站、论坛、ftp站点等上传视频音频文件的人）、快手的"老铁文化"（讲究人设的直播带货）等。

三、元宇宙有自己的语言文化

元宇宙也有自己的语言文化，这是文明自然涌现的结果。

从根本上来说，元宇宙概念是以更虚拟丰富的网络语言来抢夺现代人的时间，赋予未来美好的体验。

在英国科学记者、作家加亚·文斯所著的《人类进化史：火、语言、美与时间如何创造了我们》一书中，归纳了人类进化的关键词，确定了四个关键驱动力：火、语言、美和时间，它们各自发挥着不同的作用。

（1）火。把我们从能量的禁锢中解放出来，让我们突破了动物的局限。

（2）语言。借助语言，我们就能比其他动物传递更多、更准确的信息，

实现人与人之间的沟通，用文字、故事、记忆等创造累积性文化。

（3）美。70多万年以来，人类一直都在追求美的感受，借助共同的信仰和身份，凝聚在一起。

（4）时间。时间是客观的、永恒的，人们通常都会用自己创造的方式来记录和使用时间，获得理解世界的动力，科学也就此产生。

语言、美和时间与元宇宙具有内在的关联性。

元宇宙的网络语言、视觉、超时空等，不仅具有一定的文化含义，还有着丰富的内涵。

从本质上来说，元宇宙的发展就是行走在通往文明的路上，其终极层次是形成自己的文明体系。该文明体系是多样的，丰富多彩的。元宇宙的文明形态、价值理念、语言文化等会构成一个独特的文明，给生活在现实中的人们带来有益启示。

第五章

元宇宙通往真实虚拟现实的技术保障

人工智能技术：让元宇宙实现"连点成线"

人工智能（AI），就是使机器像人一样思考和行动，能听会说，能看会写，能思考会学习，能适应环境变化，能解决各种问题。

元宇宙是一系列"连点成线"的科技进步和产业聚合，打破了虚拟和现实之间的界限，促进了虚拟和现实的融合。在这个过程中，AI 人工智能技术扮演着重要角色。

其实，在元宇宙的各个层面、各种应用、各个场景下，都融合着 AI 人工智能技术，包括智能合约、AI 识别、代码人物、物品乃至情节的 AI 自动生成、数据 AI、AI 推荐，以及各种 DAO 的 AI 运行、各种虚拟场景的 AI 建设、各种分析预测推理等。

AI 人工智能技术之所以能够对元宇宙"连点成线"发挥作用，关键在于拥有算力、算法和数据等三个要素。

1. 算力

算力是实现 AI 技术的一个重要保障。

其实，算力就是计算能力。对于 AI 技术来说，不仅训练需要算力，硬件上的运行也需要算力的支撑。

算力构成了 AI 技术的底层逻辑，对人和世界发挥着异乎寻常的作用，已经渗透到社会生活的各个方面。

2. 算法

算法是 AI 技术发展的重要引擎和推动力。

从一定意义上来说，算法发展的过程也是 AI 技术不断进步的过程，即从机器学习逐渐步入深度学习。

在具体的学习过程和算法过程中，AI 技术也会从浅层的神经网络发展到复杂的机器学习网络。

其中，浅层神经网络中的输入和输出都是在简单的网络里进行的；而进入深度学习的网络后，在网络和神经元之间会产生复杂的机器学习网络。

3. 数据

数据是 AI 发展的基础，支撑着算法和数据，还对 AI 的发展造成影响。

算力的大小代表了对数据处理能力的强弱。例如，我们本来想借用人工智能识别一把勺子，即使勺子总和碗一起出现，人工智能也能根据数据准确识别出勺子。

数据、算法、算力三要素不仅与 AI 技术的发展有着密切关系，更与元宇宙的未来紧密相连。

围绕数据的收集、加工、分析、挖掘等过程中释放出的数据生产力，是驱动元宇宙发展的强大动能。

具备越来越强的自主学习与决策功能的算法，是元宇宙时代认识和改造世界的方法论。

算力是构建元宇宙最重要的基础设施，元宇宙的虚拟内容、区块链网络、AI 技术都需要借助算力。

电子游戏技术：打造元宇宙游戏社区生态

电子游戏（Game）又称电玩游戏（简称电玩），指的是依靠电子设备平台来运行的交互游戏。

作为一种社区生态游戏，电子游戏以区块链技术为基础，将VR、AR、5G和云计算融合到一起，直接引发了经济活动和文明游戏。

这里所说的电子游戏技术，既包括与游戏引擎相关的3D建模和传输实时渲染，也包括与数字孪生相关的3D引擎和仿真技术。

前者是虚拟世界解放大众生产力的关键性技术，可以将PS的专业门槛拉低到普通百姓都能做，把复杂3D人物、事物乃至游戏都拉低到普通大众，实现元宇宙创作者经济的大繁荣。

后者是物理世界虚拟化数字化的关键性工具，也需要极大地拉低门槛，直到普通民众都能操作，才能加速真实世界数字化的进程。这里，最大的技术门槛是仿真技术，即数字孪生后的事物必须遵守重力定律、电磁定律、电磁波定律等物理定律，例如，光、无线电波，必须遵守压力和声音的规律。

电子游戏技术与交互技术的协同发展，是实现元宇宙用户规模爆发性增长的两大前提，前者的作用是使内容极度丰富，后者的作用是增强沉浸感。

元宇宙里的电子游戏技术主要包括以下两个。

一、与游戏引擎有关的 3D 建模和实时渲染

1. 3D 建模

3D 建模，就是利用三维制作软件，通过虚拟三维空间，构建出具有三维数据的模型。3D 建模基本上可以分为两类：NURBS 和多边形网格。其中，NURBS 适用于精细的、弹性的、复杂的模型，适合量化生产。多边形网格建模则依赖拉面方式，适合制作效果图与复杂场景动画。二者各有长短。

2. 实时渲染

从本质上来说，实时渲染就是图形数据的实时计算和输出，最典型的图形数据源是顶点，主要包括位置、方向、颜色、纹理坐标、顶点的权重等。

3D 建模和实时渲染，是虚拟世界解放大众生产力的关键性技术，需要将 PS 的专业门槛拉低，直到普通百姓也能使用。因为，只有把复杂 3D 人物、事物和游戏都拉低到普通大众能使用的水平，才能实现元宇宙创作者经济的大繁荣。

二、与数字孪生有关的 3D 引擎和仿真技术

1. 3D 引擎

所谓 3D 引擎，就是将现实中的物质抽象为多边形或各种曲线，运用计算机进行相关计算，输出最终图像，直至在计算机内建立一个"真实的世界"。

2. 仿真技术

仿真技术主要就是应用仿真硬件和仿真软件，通过仿真实验，借助某些数值计算和问题求解，对系统行为或过程进行反映。

区块链技术：为元宇宙解决数据传输的问题

区块链是支撑元宇宙经济体系最重要的基础。

元宇宙是去中心化的，用户的虚拟资产可以跨越各子元宇宙进行流转和交易，形成庞大的经济体系。

通过 NFT（非同质化代币）、DAO、智能合约、DeFi 等区块链技术和应用，就能激发创作者经济时代，催生海量内容创新。运用区块链技术，就能有效打造元宇宙去中心化的结算平台和价值传递机制，保障价值的归属与流转，实现元宇宙经济系统运行的稳定、高效和透明。

对于区块链，百度百科是这样定义的：区块链是一个信息技术领域内的术语。从本质上来说，它是一个共享数据库，存储于其中的数据或信息，具有不可伪造、全程留痕、可以追溯、公开透明、集体维护等特征。基于这些特征的区块链技术，又被称为"共识技术"。在所有的区块链系统中，共识机制都处于最核心地位。

区块链技术奠定了坚实的信任基础，创造了可靠的合作机制，应用前景异常广阔，是支撑元宇宙经济体系最重要的基础。要想建立庞大的经济体系，元宇宙必须是去中心化的，用户的虚拟资产必须跨越各子元宇宙进行流转和交易。

从本质上来说，元宇宙是一种全新的数据传输方式，实现了实体世界与虚拟世界数据传输的双向流动。而这也是元宇宙的本质意义。现实中，目之所及的各类元宇宙概念，都是这种逻辑的延伸。无论是虚拟世界和现实世界的打通，还是实体资产和数字资产的结合，都是以数据传输的自由流动为前提和基础的。

一、区块链技术能真正解决数据传输的问题

区块链技术解决了互联网式的数据传输过程中的问题，但依然存在很多问题，比如中心化、非加密、可篡改等。借助区块链技术，数据就能进行点对点的传输，实现数据的加密和不可篡改，继而形成一整套信任机制。

无论是哪种类型的新技术，它们都在一定程度上改变了传统意义上的数据及信息的传输和处理能力。无论是大数据、云计算、VR/AR，还是人工智能，都是这样。

我们之所以会觉得这些新技术不同，主要是因为这些新技术的外在表现不一样，并且这些不同是由底层的数据传输和处理的不同所引致的。不能因为这些技术的外在不同，而忽略了它们内在的本质，更不能因为它们外在的不同而将它们归结为元宇宙的根本技术，只有从更加本质的角度来看待元宇宙，对元宇宙的认识才能更加真实和全面。

抛开外在的包装和概念，真正站在最纯粹的角度来看待元宇宙，就会发现，元宇宙之所以被称为元宇宙，就是因为它改变了底层数据的传输能力和处理方式。

二、区块链技术真正实现了一种可能性

如今，技术与元宇宙的联系越来越多，更多的技术被陆续附加在元宇宙身上，需要化繁为简。

其实，只要从本质上去思考和看待元宇宙，就会发现，所谓元宇宙就是一个由全新的数据传输和处理能力或方式衍生出来的时代，而区块链技术就是实现这一切的根本技术。因此人们才将元宇宙定义为"一个以区块链为底层逻辑的时代"。

以区块链技术为底层逻辑，造就的元宇宙时代的运行逻辑是这样的：对于实体和虚拟图像等进行处理和联通（VR/AR），打通了真实世界和虚拟世界的联系，人们可以在实体世界和虚拟世界之间自由切换，实体世界和虚拟世界的鸿沟会逐渐消除。

对于人和人工智能的打通与连接，实现了真实人体与数字人体的联通，人和人工智能可以自由切换，少了机械和人工差距。而现实货币与数字货币的打通，实现了无现金和无纸币，联通了真实货币与虚拟货币，保证了真实世界和虚拟世界的资产交换。

从本质上来说，这些改变都是由底层技术的深度改变引起的，而这个底层技术就是对我们的生活造成巨大影响的区块链技术。运用区块链技术，建立一整套体系，经过由内而外和自上而下的改造，就能真正进入元宇宙时代。

交互技术：为元宇宙提供沉浸式虚拟体验阶梯

目前，人体交互技术是元宇宙沉浸感形成的最大瓶颈。

交互技术分为输出技术和输入技术。

输出技术包括头戴式显示器、触觉、痛觉、嗅觉，以及直接神经信息传输等各种电信号转换于人体感官的技术。

输入技术包括微型摄像头、位置传感器、力量传感器、速度传感器等。

复合的交互技术还包括各类脑机接口，这也是交互技术的终极发展方向。

人眼分辨率为16K，如果想得到平滑真实的120Hz以上的刷新率，即使在色彩范围相当有限的情况下，1秒的数据量也要高达15GB，所以，仅就显示技术来说，预测3年后才能达到这个水平。

目前，包括Oculus、Quest2在内的多数产品只支持双目4K，刷新率从90Hz到120Hz，还只是较粗糙的玩具级。未来，随着以VR、AR为代表的人机交互技术的发展，由更加拟真、高频的人机交互方式承载的虚拟开放世界游戏，沉浸感也能极大增强，缩小与元宇宙成熟形态之间的差距。

常见的交互式设计主要包括设计、人机交互和软件开发。

一、交互技术

交互技术为元宇宙提供了沉浸式虚拟现实体验阶梯，下面我们就从 VR、AR、MR、全息影像技术、脑机交互、传感技术等角度来分析。

1. VR

VR 虚拟现实技术可以给人们带来一种身临其境的体验，只要戴上头显，就能看到数字世界并在其中进行操作。目前，VR 使用完整的头显，用户就能沉浸在 360°虚拟世界中，任意走动，只要不撞到物理墙壁即可。

2. AR

AR 增强现实技术是投射在现实世界的数字叠加层，比如，Niantic 的口袋妖怪、Snapchat 的跳舞热狗，就连谷歌眼镜这类可穿戴设备，都能用这样的 AR 连接眼镜进行观察。如今，虽然谷歌眼镜还没有得到发展，但我们有理由相信，用不了多长时间，我们就能通过脸书的 Ray-BanStories 或 Snapchat 的 Spectacles 等 AR 与眼镜实现连接。

3. MR

MR 混合现实技术融合了 VR 和 AR 的元素。人类可以与虚拟和现实世界的对象交互，虚拟对象也可以与现实世界的对象交互，例如，Snapchat 热狗可以在桌子上跳舞，绝不会从边缘掉下来。

4. 全息影像技术

该技术是摄影技术的下一阶段，会将物体散射的光线记录下来，将其投影为无须任何特殊设备就能看到的 3D 物体。如今，各种全息图已经从透射全息图、彩虹全息图发展到 3D 全息图。

3D 全息图，允许真实的物体或动画飘浮在半空或站在附近的表面上；从四面八方都能看到，用户完全可以在显示器周围走动，形成逼真的图像。

二、脑机交互

脑机交互也称脑机接口（BCI）、神经控制接口（NCI）、心—机界面（MMI）、直接神经接口（DNI），指的是在大脑或外部装置之间的直接通信通道增强，可以用来研究、映射、协助、加强或修复人类认知或感觉运动等功能。

元宇宙需要沉浸感，脑机交互对人脑的脑电波信号进行采集，对虚拟场景进行指挥，就能产生更好的体验感。从这个意义上来说，在元宇宙发展过程中，脑机交互也是一项需要努力攻克的技术。

三、传感技术

传感技术，就是利用传感器，通过检测物理、化学或生物性质量来获取信息，并将其转化为可读信号。

传感器范围广泛，种类也很多，不过万变不离其宗，即能够检测到被测对象的特征量，并将该特征量转化为可读信号，在仪器上显示出来，这也是物联网一个重要组成技术。

元宇宙是一个共享的虚拟空间，允许个人在数字环境中与其他用户进行交互；它构建了一个虚拟世界，人们可以存在于特定的虚拟形象中，就像生活在一个与现实世界平行的世界中。

元宇宙可以在增强现实技术（包括 VR 和 AR）的基础上创建一个完整世界，让人们体验到比现有 VR 体验更真实的版本。VR 体验中的访问空间通常是静态的，构建时通常不会发生改变。在元宇宙的世界里，用户可以自由输入内容，也可以随时改变。

物联网技术：完美契合元宇宙组网需求

运用5G、云计算等技术，就能实现大规模用户同时在线，提高游戏的可进入性。

元宇宙是一种大规模的参与式媒介，交互用户数量可以达到亿级。

目前，大型在线游戏都能使用客户端软件，以游戏运营商服务器和用户计算机为处理终端运行。采用该模式，对计算机终端的性能提出了极高的要求，形成了用户使用门槛，限制了用户触达；同时，终端服务器承载能力有限，无法支撑大规模用户同时在线。而5G和云计算等底层技术的进步和普及，才是未来突破游戏可进入性限制的关键。

物联网技术既承担着物理世界数字化的前端采集与处理职能，也承担着元宇宙虚实共生的虚拟世界渗透乃至管理物理世界的职能。只有真正实现万物互联，元宇宙才有可能实现虚实共生。

物联网技术的发展，为数字孪生后的虚拟世界提供了实时、精准、持续的鲜活数据供给，元宇宙虚拟世界里的人们足不出户，就能了解物理世界的始末。

5G网络的普及，为物联网的爆发提供了网络基础，但电池技术、传感性技术和AI边缘计算等方面的瓶颈，却限制了物联网的大规模发展。

物联网，就是"万物相连的互联网"，是在互联网基础上的延伸和扩展的网络。

各种信息传感设备与网络相结合，就能形成一个巨大网络，在任何时间或任何地点，人、机、物等都可以互联互通。此外，只要将数据、地理空间触发的内容镜像输入元宇宙，用户就能用全新的方式对现实世界进行理解、操纵和模拟。

从本质上来说，元宇宙依然属于网络。如果没有网络化，没有社交，只有单独的个体，所谓的元宇宙也就不复存在。元宇宙依赖于网络通信技术的快速发展，对网络通信的要求也很高，需要一个强智能、低时延、高度科技化的环境。物联网就能满足元宇宙组网需求。下面就是一个现实的例子。

物芯科技发布的 ADC 去中心化组网协议，是一个无线自组网通信协议，其基于蚁群算法的去中心化协议，专门针对物联网应用研发而制定。

ADC 去中心化协议，颠覆了传统协议的现状，将协议层和应用层标准化，实现了基于 ADC 协议的产品无缝兼容，为所有智能厂商降低了技术门槛。同时，通过路由算法（又名选路算法，可以根据多个特性来加以区分。算法的目的是找到一条从源路由器到目的路由器的"好"路径。算法设计者的特定目标影响了该路由协议的操作；具体来说存在着多种路由算法，每种算法对网络和路由器资源的影响都不同；由于路由算法使用多种度量标准，从而影响到最佳路径的计算）优化和去中控架构，降低了技术依赖度和维修成本，为场景丰富、连接多元的物联网市场发展奠定了基础。除此之外，ADC 协议还具备以下几大特点。

1. 去中心化组网

带中控，意味着无论是在流通、安装环节，还是在调试环节，都极度依赖于技术人员；而且，只要中控发生故障，整个系统就会瘫痪。去中控，不仅可以保障系统的稳定性，还能降低对技术人员的依赖。

2. 超强的传输能力

物联网传输距离远，最高能够直传 500 米以上，有 5 级中继能力；同时，采用 433M、470M、868M、915M、2.4G、5G 等多个通信频段，传输速率比传统协议更具优势，还能实现较长距离的信息传输。

3. 跨网隔离能力

ADC 去中心化协议，拥有 mesh 功能和跨网隔离功能，邻居间可以跨网隔离，互不干扰。

从上述特点可以看出，ADC 去中心化组网协议，是一款完美契合元宇宙建设需求的无线组网技术。

网络和运算技术：云化智能网络为元宇宙打造基础设施

通过算法、算力等提高驱动渲染模式升级，就能提高游戏的可触达性。

这里所说的网络和运算技术，不仅是指传统意义上的宽带互联网和高速通信网，还包括 AI、边缘计算、分布式计算等在内的综合智能网络技术。此时的网络已不再是信息传输平台，而是一个综合能力平台。

一、云化的综合智能网络

云化的综合智能网络是元宇宙最底层的基础设施，可以为用户提供高速、低延时、高算力、高 AI 的规模化接入，为元宇宙用户提供实时、流畅的沉浸式体验。

云计算和边缘计算为元宇宙用户提供了功能更强大、更轻量化、成本更低的终端设备，比如，高清高帧的 AR、VR、MR 眼镜等。目前，3D 游戏采用传统的终端渲染模式，受限于个人计算机图形处理器（GPU）渲染能力，游戏的画面像素精细度与拟真效果依然存在很大差距。为了改善现有的渲染模式，提高游戏的可触达性，不仅要实现算法、算力的突破，还要持续改进半导体等基础设施产业。

这里的网络及运算技术（Network）不仅是指传统意义上的宽带互联网和高速通信网，还包括 AI、边缘计算、分布式计算等综合智能网络技术。此时的网络已不再是信息传输平台,而是一个综合能力平台。

二、元宇宙云存储

这里有一个元宇宙云存储的例子。

元宇宙云存储是基于 Substrate 开源框架开发的去中心化云存储数据网络,其使命是为下一代互联网即 Web3.0 提供去中心化云存储系统,创建一个全新的全球化去中心化云存储数据网络。

元宇宙云存储,为实现去中心化在线数据共享平台奠定了坚实的基础。只要坚持不懈,就能落地一个去中心化的数据云存储系统,也能创建一个去中心化的云存储数据网络设施。

元宇宙云存储提出了创新的方法,即主要随机选取轮值共识节点机制(RS),实现低 gas 费用和快速交易处理吞吐量(10 000TPS),共识节点参与相对公平公正,没有大节点长期垄断,就能给每位参与者提供一个公平、透明、均等的参与机会,以跨平台、跨协作和跨格式等方式实现数据的互操作,构建一套规则透明、数据安全、节能高效、参与平等的新型全球去中心化云存储在线数据网络共享平台,为 Web3.0 的发展提供支持。

除了云化智能网络,云计算和边缘计算也为元宇宙用户提供了功能更强大、更轻量化、成本更低的终端设备,比如,高清高帧的 AR、VR、MR 眼镜等。在 AR、VR、MR 系列眼镜家族,VR 是纯虚拟数字画面,AR 是虚拟数字画面+裸眼现实,MR 是数字化现实+虚拟数字画面。用集合的方式来理解就是:AR 和 VR 技术都是 MR 的子集合,只要用一副 MR 眼镜,就能做 AR 和 VR 的事情。MR 技术可以将 VR 与 AR 的优势结合在一起,更好地将 AR 技术反映出来。

同时,3D 游戏采用传统的终端渲染模式,受限于个人计算机图形处理器

（GPU）渲染能力，游戏的画面像素精细度与拟真效果依然存在很大差距。要想改善现有的渲染模式，提高游戏的可触达性，不仅要努力突破算法和算力，还离不开半导体等基础设施产业的持续发展。

元宇宙数据量异常庞大，对算力的需求几乎是无止境的，可喜的是，业界已经在这方面取得了可喜的进展。例如，英业达、台积电等半导体厂商都在推高算力上限；而霍尼韦尔提出的新的摩尔定律承诺，5年内每年将其量子计算机商业产品的量子量提高一个数量级。

第六章

元宇宙通往真实虚拟现实的重点路径

硬件进化：AR/VR/MR 虽为先头部队，但需进一步优化

元宇宙的产业创新环节有以下四方面：底层架构、后端基建、前端设备、场景内容。

目前，围绕一个或多个环节，国内外有些先驱公司已经开始布局。

一、底层架构

长期以来，普通虚拟世界都是一种普通的娱乐工具，并不是真正意义上的"平行世界"，主要原因在于以下两方面。

第一，这类虚拟世界的资产无法在现实中顺畅地流通，即使玩家付出全部精力成了虚拟世界的"赢家"，也依然无法改变自己在现实中的地位。

第二，在这类虚拟世界中，玩家的命运并不是掌握在自己手中，运营商只要将"世界"关闭，玩家的所有资产和成就都会清零。

区块链的出现，可以完美地解决上述两个问题。

元宇宙是一个接近真实的沉浸式虚拟世界，需要构建相应的经济系统。借助区块链，元宇宙就能完成底层架构的进化。首先，在元宇宙中创造一个完整运转系统，与现实世界的经济系统进行连接，就能将玩家的资产与现实顺利打通；其次，区块链完全去中心化，不受某一方的控制，玩家可以不断地投入资源。

对于元宇宙来说，NFT也是一个重要的底层架构。NFT是"Non-Fungible Token"的简称，即非同质化代币（比特币等数字货币为同质化代币），是区块链框架下代表着数字资产的唯一加密货币令牌，未来将是元宇宙的经济基石。得益于DeFi生态和元宇宙场景的繁荣发展，截至2021年，NFT的市场空间已经达到百亿元级别。NFT可以像实体资产一样交易，元宇宙中基础资产被有效确权。

在元宇宙底层架构方面，目前主要企业有视觉中国、数字认证、东方电子等，如表6-1所示。

表6-1 元宇宙底层架构企业说明

企业	说明
视觉中国	在国内视觉素材行业的市场，从事视觉素材的销售，为客户提供相关的增值服务，主要对视觉素材进行分类、集合和管理，约为40%。2021年8-9月，视觉中国的股价被市场参与者抢筹。这些企业计算的不是VR设备的利润，也不是游戏场景的应用，更不是开发后参与者人数流量，而是将现实与虚拟连接到了一起
数字认证	网络安全解决方案的提供商，可以为全国客户提供电子认证、网络安全产品、网络安全集成、网络安全等服务
东方电子	致力于虚拟电厂领域的研发，参与了广州明珠工业园项目和广州市虚拟电厂管理平台项目的设计和开发

二、后端基建

从AV/VR出发推导，存在单机智能与网联云控两条技术路径。前者主要聚焦近眼显示、感知交互等领域，后者专注内容上云后的流媒体服务。在未来的元宇宙框架中，两者必然会在5G基建的基础上实现有机融合，"AI+"与云计算共振触发，实现产业的跃升。

从空间来讲，技术交集太多，重点在于"AI+"。根据对元宇宙相关"AI+"

技术支撑产业的规模估计：2021年泛AI产业空间约7400亿元，可以孕育出407亿元的元宇宙业务空间。

如今，在元宇宙后端基建方面，已经形成优势的AI公司有浪潮信息、海康威视、科大讯飞、中国长城等，如表6-2所示。

表6-2 元宇宙后端基建企业说明

企业	说明
浪潮信息	主要为客户提供全球领先的数据中心IT基础架构产品、方案和服务，坚持"智慧计算"战略，通过"硬件重构+软件定义"的算力产品和解决方案，构建了一个开放融合的计算生态，为客户构建了一个可以满足多样化场景的智慧计算平台，促进了人工智能、大数据、云计算、物联网的广泛应用，实现了对传统产业的数字化变革与重塑
海康威视	主要为客户提供以视频为核心的智能物联网解决方案和大数据服务，业务主要集中在综合安防、大数据服务和智慧业务。其以构筑云边融合、物信融合、数智融合的智慧城市和数字化企业为己任，构建了开放的合作生态，可以为公共服务领域用户、企事业用户和中小企业用户提供服务
科大讯飞	中国人工智能产业龙头企业，长期从事语音（语言）、自然语言理解、机器学习推理和自主学习等人工智能核心技术研究，保持着国际前沿技术水平，推动了人工智能产品的研发和行业应用落地
中国长城	国内极具影响力的金融、医疗行业信息化产品和解决方案供应商，解决方案在国内市场的占有率位居第一。主要业务包括高新电子、网络安全与信息化、电源、园区与物业服务及其他业务

三、前端设备

AR/VR及智能穿戴设备，是用户不断稳定地接入元宇宙得到沉浸式体验的基础。

从设备产业链来看，核心环节涉及传感器、显示屏、处理器、光学设备等硬件。

从产业空间来看，截至2024年，AR/VR虚拟终端设备整体价值空间将达到4800亿元，这种增长是爆发式的。

在元宇宙前端基建方面，产业链各环节的主要企业有韦尔股份、京东方

A、歌尔股份、瑞芯微等，如表6-3所示。

表6-3 元宇宙前端基建企业说明

企业	说明
韦尔股份	主营业务有两块：一个是半导体分立器件和电源管理IC等半导体产品的研发设计，一个是被动件、结构器件、分立器件和IC等半导体产品的分销业务。产品广泛应用于移动通信、车载电子、安防、网络通信、家用电器等领域
京东方A	全球领先的半导体显示技术、产品与服务提供商，产品广泛应用于手机、平板电脑、笔记本电脑、显示器、电视、车载、数字信息显示等领域
歌尔股份	国内领先的消费电子零组件、整机供应商，致力于VR/AR业务布局，目前在高端VR/AR设备整机代工领域中的市场占有率约为80%，客户主要有Meta、Sony等
瑞芯微	设定了基于RK3399和RK3288芯片提供VR的解决方案，便于客户进行VR类产品开发

四、场景内容

元宇宙的内容场景始于游戏但不止于游戏，未来多半会出现大量垂直场景，比如，医疗场景和工业场景。

在医疗场景方面，会涉及理论教学、临床技术培训、手术前演练、远程会诊、远程手术、虚拟内容理疗等细分场景。

在工业场景方面，工业设计行业依托虚拟现实立体成像技术，也会迎来新一轮市场的规模增长，以5%的AR/VR渗透率来衡量，对应的市场空间更大。

内容端的想象空间最大。从商业模式角度来说，产业链厂商可以通过分成、佣金、版权费用、广告费用等渠道获取收入。从客群的角度来讲，内容端将逐渐从行业级市场渗透到消费级市场。

在元宇宙的场景内容方面,主要企业有超图软件、中望软件、宝通科技、完美世界等,如表6-4所示。

表6-4 元宇宙场景内容企业说明

企业	说明
超图软件	其聚焦于与地理信息系统相关的软件技术研发与应用服务,下面设有基础软件、应用软件、云服务等三大GIS业务板块;构建了生态伙伴体系,协同1000余家生态伙伴,为数十个行业的政府和企事业单位信息化全面赋能
中望软件	国内领先的研发设计类工业软件供应商,主要从事CAD、CAM、CAE等研发设计类工业软件的研发、推广与销售,主要产品有中望CAD、中望CAD机械版、中望CAD建筑版、中望建筑水暖电、中望结构、中望景园等
宝通科技	主营业务为工业互联网(散货物料智能输送全栈式服务)和移动互联网;主要产品涉及移动游戏产品、智能输送数字化产品制造、智能输送系统产品服务
完美世界	主要从事网络游戏的研发、发行和运营,电视剧和电影的制作、发行及衍生业务,艺人经纪服务及相关服务业务等。主要产品包括PC端网络游戏、移动网络游戏、主机游戏、院线业务等

软件迭代：构建元宇宙虚拟世界，需要更优质的软件支持

元宇宙的数字基础包括数字孪生、边缘计算、区块链、NFT 等。

一、数字孪生

数字孪生，就是在虚拟空间中完成映射，将对应的实体装备的全生命周期过程反映出来，元宇宙就是一个可以映射现实世界又独立于现实世界的虚拟空间，二者的关系异常密切。

数字孪生可以将元宇宙与现实很好地联系起来，其技术成熟度直接决定了元宇宙在虚实映射与虚实交互中所能支撑的完整性，从这个意义上来说，数字孪生是元宇宙的数字基础。

目前，英伟达的 Omniverse（全能宇宙）已经将其应用在建筑、娱乐等领域；有 400 多家企业合作开发了 Omniverse，即使搭载 AI 芯片的自动驾驶汽车，也可以在该平台上测试。其目标是，在真实的建造物理世界前，将所有的一切都设计成虚拟产品并进行测试，把过去仅用于游戏的虚拟渲染，应用到所有的物理建造环节。

微美全息拥有多年的技术积淀，覆盖 AI、AR、5G、VR、高性能、高扩展、边缘计算和半导体芯片设备等八大品类，其目标是将 5G、AR、VR、AI 等技术充分融入构建元宇宙底层技术壁垒。同时，微美全息拥有全球领先的

3D 计算机视觉技术和 SaaS 平台化技术，使用云算法，可以将普通影像变成全息 3D 内容，广泛应用在全息广告、全息娱乐、全息教育、全息通信等领域。

在过去的一两年里，元宇宙涉及的具体技术，包括 VR、AR、脑机接口等，在成熟度和商业化上都取得了较大突破。同时，微美全息还投资蓝云工业互联科技，打造了智慧工业数字平台。

统计数据预测，2024 年全球数字孪生市场空间将达 212.8 亿美元。未来，亚太地区的市场规模增速多半都会超过北美、欧洲等地区，成为全球数字孪生新兴市场的高地。另外，国内数字孪生的重点应用领域短期内主要面向 G 端，如新型基础测绘、智慧城市建设等。

这些都是投资数字孪生市场应该考虑的重要因素。

二、边缘计算

边缘计算是一种新型计算模型，以云计算为核心，以现代通信网络为途径，以海量智能终端为前沿，集云、网、端、智等为一体，是解决未来数字化难题的重要路径。

元宇宙对算力提出了极高的要求，但目前的算力架构依然无法满足元宇宙对低门槛高体验的需求，而边缘计算却能推动算力的发展，为元宇宙的持续发展扫清障碍。

在"2021 中国边缘计算企业 20 强"中，华为排名第一。紧跟其后的是中国移动、中国联通、天翼云、阿里云、联想集团、腾讯云等。

华为是最早进入边缘计算领域的，是全球边缘计算产业领头羊，具备完善的边缘计算产品和解决方案系列，在 3GPP、ETSI、5GDNA、ECC、AII、5GAIA 等多个产业组织发挥重要作用。其发起了全球首个电信边缘计算开源项目 Edge Gallery，为标准领域做出了卓越贡献；跟运营商合作，在煤矿、钢铁、港口、制造等20多个行业展开了3000多个5G创新项目实践；发布了多篇边缘计算产业白皮书，举办了多次5G MEC开发者大赛，荣获多项国内外边缘计算领域大奖，获得业界的高度认可，推动了产业的发展。

投资方面，未来十年边缘侧将具备更多的发展和投资空间。比如，在边缘计算领域，可以诞生新的平台性大型科技企业，在靠近边缘的场景下，为各行业客户成功赋能，实现数字化和智能化的转型升级。随着边缘侧数据通信、存储和处理量等的爆发式增长，其数据价值必然会被进一步释放。

三、区块链

区块链是元宇宙最重要的支柱，不仅可以解决元宇宙平台的分散价值传递和合作问题，还能解决分散元宇宙平台的垄断问题。

在元世界的相关技术中，缺少区块链，元宇宙可能永远都是一种游戏形式，借助区块链，就能在虚拟世界和现实之间搭建起一座桥梁，使虚拟世界成为平行宇宙。

目前，IBM、微软、苹果、脸书和国内的蚂蚁链、融链科技等都已经在该新领域布局。

融链科技，全称"湖南融链科技有限公司"，专注于区块链核心技术研发和应用，是全力推动区块链技术发展的优秀企业代表，为中国移动通信联合会区块链专委会副主任委员单位、湖南省区块链协会副会长单位和长沙市分布式存储技术应用行业协会会长单位。融链科技自主研发的MBaaS（Mix Blockchain as a Service）平台是一个跨云服务、跨底层框架，用于部署和运行各类区块链应用的全球性基础设施网络。利用该平台，已经为金融、农业、物流、供应链、零售、医疗等数个行业及众多客户开发了包括农产品溯源、区块链智慧物流、区块链新零售、区块链大数据交换、供应链金融、区块链通用积分和资产确权登记等多种区块链解决方案和技术服务。

四、NFT

NFT 是刻在元宇宙上的所有权证书，可以给所有者一个永久的加密代币，表明他们是某件加密资产的合法拥有者。

NFT 基于区块链，具有安全且不可篡改性。对于元宇宙来说，它是刻在元宇宙上的所有权证书。NFT 属性的加密资产将永远处于元宇宙的长河中。

元宇宙的 NFT 产业链主要企业有视觉中国、风语筑、捷成股份、TCL 科技、光线传媒、晶方科技、精测电子、苏州固锝、欣旺达和鲸喜玛特。

视觉中国通过 500PX 等社区平台，不仅为个人内容创作者提供了分享交流、内容展示、大赛活动等社区服务，还涉及内容交易、版权保护、商业定制和 NFT 数字艺术交易等商业变现服务，为创作者提供存储、推广和销售作品等一站式服务。

鲸喜玛特的 NFT 数字藏品交易平台让每一份数字藏品对应特定的作品、艺术品，拥有区块链上独一无二的序列号作为唯一的所有权凭证，不可篡改、不可拆分、不可复制。该平台聚集非遗、博物馆、景区等各类 IP 资源。通过互联网技术，让文化跨空间多维度传播；利用区块链技术，权益被永久记录。不再担心储存、流通、损耗、盗窃、运输等问题。数字藏品，让艺术收藏不再局限于现实世界，实现技术与艺术的全新融合。

基础设施建设：网络需要进一步提高

元宇宙的基础设施主要包括 IDC（互联网数据中心）、云计算、人工智能、物联网等。

一、IDC（互联网数据中心）

目前，IDC 发展的两大核心主题是"新基建"和"绿色化"，"新基建"支持下 IDC 行业需求强劲，"绿色化"能够进一步推动行业的供给侧改革。由此，拥有出色的运维能力、能耗控制能力和核心 IDC 资源禀赋，企业就能收益颇多。

宝信软件是亚洲最大的 IDC 企业，也是阿里云产业链最大的受益者。

宝信软件的产品与服务涉及钢铁、交通、医药、有色、化工、装备制造、金融、公共服务等多个行业。

凭借宝之云 IDC 四期项目，极大地提高了上架率。

公司位于华东地区，占据了区域优势和资源优势，辐射华中工业重镇。

业务增长快速，成长性很高，在全国钢铁信息化领域占据了大约 50% 的市场份额。

基于 AI 运筹优化技术的智能生产排产，基于深度学习技术的带钢表面缺陷识别等工业互联网人工智能产品，在工业互联和新基建领域引起了极大反响。

宝信软件所处的 IDC 行业前景广阔，有着极高的天花板，是具有政策扶持的朝阳行业。

1. 政策层面推动新基建

为了疫情的问题，启动逆周期调节，包括 5G 基建、特高压、城际高速铁路和城际轨道交通、新能源汽车充电桩、大数据中心、人工智能、工业互联网等七大领域。而 5G 基建、人工智能、工业互联网和大数据中心也是相辅相成的，底层的基础设施建设必然会加快人工智能时代的到来。

2. 5G 商用带来数据暴涨

随着 5G 的商用落地，定然会出现数据量的指数级增长，流量的增长，数据的计算、存储、传输、安全等需求也快速提高。

二、云计算

云计算是元宇宙数字化的重要基石，没有云计算的元宇宙，就不能称为元宇宙，更无法在元宇宙争夺战中占有先机。

元宇宙的"沉浸感""低延时""随地"等特性，不仅对 VR/AR 硬件技术和网络传输系统提出了很高的要求，还取决于高性能的云计算能力和流媒体技术。

目前，中国在云计算与大数据领域已经取得了长足进步，相关产业呈现增速快、空间大等特点。

与云计算相关的主要企业有深信服、紫光股份、阿里巴巴、腾讯、神州数码等。深信服直接切入核心技术领域，持续投入巨大精力，在桌面云领域获得了与全球云计算领导厂商同样的地位，成为《信息安全技术桌面云系统安全技术要求》国家标准起草单位之一。

三、人工智能

元宇宙,既是虚拟世界和现实世界界限打破的结果,也是虚拟世界和现实世界日益融合的未来。一旦人工智能打破了虚拟和现实的界限、促进虚拟和现实的融合,就能有效促进元宇宙的最终形态和融合。

百度长期深耕 AI(人工智能)技术,如今已经推出了元宇宙技术基石:基于百度大脑的百度 VR2.0 产业化平台(简称"百度 VR2.0"),为 VR 产业提供"全栈式"行业场景应用开发,企业能够快速开辟属于自身的新"星系";同时,提供全链路元宇宙内容生态和 AI 支撑下的元宇宙新业态。依靠百度 VR2.0,有不同需求的用户都能在元宇宙中进行创造,形成原生或虚拟的世界,不断扩展元宇宙边际。

中国在人工智能领域的投融资占全球的 60%,是世界上吸金最多的国家。人工智能应用场景丰富多彩,在教育、医疗、养老等民生服务领域,都有广泛的应用。

四、物联网

物联网是一个基于互联网、传统电信网等的信息承载体,能够让所有被独立寻址的普通物理对象形成互联互通的网络。这种技术不仅能随时随地以各种方式接入元宇宙,物联网传感器还是人类五官的延长,确保元宇宙能够感知和捕获更多的外界信息。

移远通信是全球领先的无线通信与定位模组供应商,出货量位居全球第一。在产品层面,产品布局齐全,涵盖 5G、LTE/LTE-A、NB-IoT/LTE-M、车载前装、安卓智能、GSM/GPRS、WCDMA/HSPA(+)和 GNSS 模组,有着极好的良率稳定性;在市场层面,移远通信有着完善的营销体系,国内国外业务结构均衡,客户集中度比较分散,激励机制相对灵活。

内容支持：需要更多关于元宇宙的内容呈现

在应用层，元宇宙预计将先在游戏、社交领域落地并注重体验，之后还能衍生在科教、全息会议等更多领域。无论是利润空间，还是落地时间，都最应关注游戏和社交领域。下面就是相关的企业和产品。

一、Roblox

Roblox 是元宇宙第一股，是全球最大的大型多人在线创作游戏平台，兼容了虚拟世界、休闲游戏和自建内容，游戏中的多数作品都是用户自行建立的。该游戏创新了具体玩法，类型更多。

除了传统的探索建造类沙盒玩法外，还涉及角色扮演、第一人称射击、动作格斗、生存、竞速等玩法，以及其他创意内容。在这里，所有人都能让自己的想象力和创造力自由驰骋，和朋友们一起探索，乐趣无穷。

二、腾讯

如今，腾讯正围绕元宇宙进行全产业链布局。

其实，腾讯入场"元宇宙"早有先兆。2020 年 2 月，腾讯投资、淡马锡等资本参与了被业界称为"元宇宙第一股"的 Roblox 的 1.5 亿美元 G 轮融资。而在更早之前，腾讯以 40% 的持股量成为 Epic Games 的股东。

对于腾讯自身的技术储备,某机构最新数据显示,在全球126个国家和地区中,腾讯已经在元宇宙领域公开申请专利2.4万多件。其中,发明专利占99.74%。

腾讯的布局主要集中在数据处理、区块链、服务器、人工智能、图像处理、虚拟场景等专业技术领域。

三、中青宝

为了实现虚拟与现实梦幻联动,中青宝互动网络公司计划推出一款模拟经营类元宇宙游戏,即《酿酒大师》。

在该游戏的故事情节中,玩家穿越到一百年前的中国,化身为酒厂管理者,通过"上帝视角",从零开始,经营酒厂,振兴酒厂。该游戏不仅将虚拟映射到现实中,用户还能在现实中触碰游戏,玩家"亲手"酿的酒可以在酒厂品牌经营店进行线下提酒。

四、风语筑

风语筑是中国数字展示行业的龙头企业,是国内领先的数字化体验服务商。

公司运用VR、AR等虚拟现实技术,营造数字化场景,打造了沉浸式体验;在VR、AR等5G后端应用领域的投资布局,2020年战略入股快科技(VeeR),共同探索VR+数字展馆、VR+线下体验等新型商业业态。

在疫情防控期间,该公司适时调整商业展览业务的经营策略,进一步提出"大文博""新文旅"计划,深度挖掘城市更新、在地文化博物馆集群、数字文旅、商业新零售体验场景中的数字化业务机会,运用"科技+艺术+商业"的平衡发展模式,赋能数字艺术消费和新零售体验。

五、完美世界

完美世界是我国最大的影游综合体，自 2011 年至 2021 年，被认定为"中国文化企业 30 强"多达 10 次。

完美世界认为，游戏是最贴近元宇宙的产品形态，其擅长的《MMORPG》与元宇宙的特征世代相承。

公司立足于主营业务游戏内容制作的方向定位，有序推进元宇宙相关业务规划的落地，在游戏研发中融入元宇宙相关元素，可以给玩家带来更丰富的感受和体验。

第七章

元宇宙通往真实虚拟现实的规则与体系

共识规则：遵循不同宇宙共同的游戏规则

加入元宇宙的前提就是"共识"，"共识"的本质就是每个人都部分地做些让渡，形成公共空间。

不同的元宇宙差别很大，但也存在共同的部分，例如，价值取向、制度选择和秩序、经济规则、避免内在垄断、尊重其他居民的权利……这些恰恰就是元宇宙的共识规则。

对于达成元宇宙共识并建立规则，中国电信一直在行动。

2021年11月12日，广州召开"中国电信5G创新应用合作论坛"，启动了2022年"盘古计划"。内容涉及三个层面。

在业务层面，开放融媒体云平台，丰富元宇宙产品与内容矩阵，包括虚拟人、云VR/AR、云游戏、XR数字文博、XR娱乐空间站、元宇宙音乐等。

在生态层面，打好国有牌，成为元宇宙行业的建设整合者、协同创新者、服务集成者，将"内容＋平台＋终端＋渠道"等多维度捆绑在一起，制定行业标准，打造爆款内容，联动渠道，实现终端升级。

在资本层面，开展产品孵化，由中国电信、中国文化产业投资母基金等共同发起，设立央视融媒体产业投资基金，布局5G、超高清、人工智能、云计算、区块链等应用，为新媒体和新业态提供扶持。

元宇宙早期阶段，秩序极有可能是混乱的，只有凝结共识，才能给用户带来高质量、高效率的体验。目前形成的共识只在初步阶段，从头部公司对元宇宙的相继布局，以及脸书率先在战略层面做出的调整来看，一方面标志着元宇宙已成为全球科技巨头对互联网发展趋势的共识；另一方面是元宇宙业务上的共识，即认为游戏和社交是相对比较容易落地的方向。初步阶段的这种共识是最基本的，我们更应该关注元宇宙内外部共识规则，这才是重点。

一、元规则

在元宇宙中，元规则应该具备新的含义，即用于调整各方关系的、被现行法律认可的自治性规则。其执行主要依赖元宇宙自身的经济逻辑和自治能力，部分需要外部法律的强制性保障；其架构包括虚拟身份规则、交易规则、数据产权与隐私规则。

交易规则是重中之重，其核心思想是：资产要根据"观念"和"共识"来定价。认识和理解元规则在元宇宙中的内涵，有利于达成共识并建立规则。

二、元宇宙中的规则包括的内容

元宇宙中的规则至少应包括技术规则与社会规则。

一方面，元宇宙是依托软硬件技术形成的虚拟世界、技术世界，需要遵守支撑整个元宇宙世界存在的技术规则。代码、算法、存储运行设备等是构成元宇宙的基本要素，某种程度上来说，科技是元宇宙的造物主，只有遵守科学技术的规则，元宇宙才能存在。同时，作为技术规则存在的元规则可能是确定且不可修改的。

另一方面，元宇宙只有在人类参与后才能成为完整的元宇宙。社交是人类的基本需求，人类必将在元宇宙中建立起新的社会。这种新生的社会，需要一种元规则，这种规则可以写入代码中，也可以只存在于元宇宙社会中。另一方面，元宇宙与现实社会有着紧密的联系，只有发现或创设了元规则，元宇宙才能与现实社会建立稳定的关系。

三、规则的制定需要每个元宇宙主体的参与

从社会发展的历史来看，传统意义上规则的制定者往往是主权国家，并专属于主权国家。互联网时代，科技巨头对规则制定发挥着举足轻重的作用。

在元宇宙中，国家与科技巨头可能会对元宇宙规则的制定产生影响，但任何主体都不能在元宇宙中拥有绝对的规则制定权威。如此，规则的制定者也就具有了更多的可能，需要更多个体的参与。

在元宇宙中，每个个体都可以是元宇宙规则的制定者，这也意味着，规则很可能是元宇宙中每个个体的共识。

上述逻辑告诉我们：在元宇宙里，每个人都可以参与到元宇宙内部规则的制定中，参与者都能创造独特的玩法，都可以创造自己的世界。其实，通过自由参与而不断形成新的共识，才是元宇宙本来应有的正确的打开方式。

四、制定元宇宙内在的经济规则的目的

制定元宇宙内在的经济规则的目的，是消除贫富差距。

在元宇宙中，既没有人类经历的农耕社会和工业社会，也没有现实世界的传统产业结构。在这里，"观念经济"是经济活动的基本形态，金融货币的天然形式不可能是贵金属，而是虚拟的社会货币。

处于早期阶段的元宇宙经济体系，为了消除现实世界无法改变的"贫富差距"，可以移植和试验所有数字经济创新成果，包括各类数字货币、试验合

作经济、共享经济和普惠金融。

避免元宇宙的内在垄断，是元宇宙的天然基因。元宇宙并不是出自哪家行业巨头，而是数以百万的人共同创作的成果。每个人都可以通过内容创作、编程和游戏设计等为元宇宙贡献力量，还可以通过其他方式提高元宇宙的价值。

元宇宙居民都有独立的身份，拥有自己的圈层和朋友关系，可以获得强沉浸和低延迟的体验。居民在这里组建社区、建造城市、共同构建社会规则，就能逐渐演化出另一个文明社会。因此，每个人都要尊重其他元宇宙居民的权利，不能攻击、诽谤等，以免损害其他居民的人身权益。

经济规则：制定元宇宙内在的经济规则

处于早期阶段的"元宇宙"经济体系，可以移植和试验所有数字经济创新成果，包括各类数字货币、试验合作经济、共享经济和普惠金融，消除在现实世界无法改变的贫富差距。

一、元宇宙经济体系运行原理

元宇宙世界不会再经历物理世界中的农耕社会和工业社会，会直接进入数字社会，也不再有传统的产业升级。因此，元宇宙世界的发展速度与人类社会完全不同。

人类社会每20-30年更新一代，但元宇宙的发展更多地依赖于算力，也就是技术的进步，这也是元宇宙世界的发展潜力。同时，有些适用于传统经济学的理论必将在元宇宙经济中受到挑战，监管、信用、中介机构等概念都要被重新定义。比如，在现实经济体系中，人口出生率的下降，会引发老龄化、劳动力供给不足、消费能力和创新动能下降等一系列负面影响。而在元宇宙中，经济活动的基本形态是观念经济，没有此类限制。

这是元宇宙发展的关键，也是金融科技可贡献的部分。

首先，传统西方经济学认为，每个从事经济活动的人都会努力用最小的经济代价获得最大的经济利益。"利己思想"是现实世界中人类发生经济行为的主要动力。与互联网同步成长且互相成就的一代，使用的第一部手机是智能手机，第一次打开的应用是游戏，第一个个人创作成果是短视频，他们具备作为元宇宙创世居民的条件，会积极加入元宇宙社会，并改变物理社会。

其次，从需求角度来看，在传统经济体系中，经济发展会受制于物理资源的限制。比如，土地是农业时代最基本的生产要素，但土地面积有限，为了提高农产品产量，提高有限资源的利用率，满足自己的无限需求，人们必须使用各种技术。

马斯洛层次需求理论认为，只有满足了人类对物质生活的需求，才会追求更高层次的精神层面的东西。21世纪的人类拥有丰富的物质生活，更愿意取悦自己，更关注更高层次需求，比如，与他人的情感联系、自身价值被认可、对于艺术和美的追求等。

归根结底，元宇宙世界中的所有物品、关系、规则等最终都会体现为0和1的排列组合。

在元宇宙中进行生产，最主要的成本来源于对物理世界电的消耗，因而元宇宙中的资源不再具有稀缺性，元宇宙经济体系中物品的价值也不再由"稀缺性"决定，价格变化的核心点也不再是凝结在商品中的无差别的人类劳动，数字商品的价值将由社区的共识决定。

满足人类精神层面的产品，多数都不会遵循劳动决定价值的理论，不同画家画作的价格天差地别。这在物理世界中仅占极小的一部分，但在元宇宙中，所有的商品（NFT）都具有艺术品的特征，独一无二，不可替代。

现实生活中，无实体的东西，被人们称为IP。但在元宇宙中，一切都是IP，需要全新认识，需要逐渐改变凭证方式，并深入编码。比如，要想鉴别一幅画的真伪，在物理世界中的做法是由专业人士根据艺术家的艺术风格、作画习惯等来推断；但在虚拟世界中，需要进行编码操作，这也是区块链技术的一大优势。

在传统经济体系中，边际效应表现为边际成本递增和边际收益递减。因为，单个企业在追求利润最大化的同时，需要面对"规模"这个难以逾越的边界。但在元宇宙中，上面的效应都会有相反的表现，即边际成本递减和边际收益递增。

原因在于，元宇宙中的原材料都由代码组成，是0和1的系列排列组合，没有原材料的采购过程，没有工人劳动，没有生产线，没有仓储和物流，生产过程完全可以根据实际情况随时开启或暂停。而且，产品永远有效且不会磨损。因此，元宇宙经济体系中的生产成本几乎为零。

此外，在目前最常见的元宇宙游戏中，玩家越多越有趣，游戏时间越长玩家获得的激励和快感越多。也就是说，向游戏中投入的成本越多，每单位投入产生的收益就越大。

二、元宇宙经济的驱动模式

不同于互联网的消费者驱动和区块链的技术开发者，元宇宙是一种创作者驱动模式，是一个"利益相关者制度"的经济模式。在该模式下，少了股东、高管、员工之分，所有参与者"共建、共创、共治、共享"。

如果将整个经济体比作一个蛋糕，共创就是一起做蛋糕，共享是一起分蛋糕，共治则是一起制定做蛋糕、分蛋糕的规则。三者分别关系着元宇宙世界的生产力、生产关系和上层建筑等根本社会结构层面。

如今，在物理世界中，已经出现了共创和共享的成功案例，比如，苹果给开发者分成、微软的Windows 11系统免费开放所有应用、创作者可以从抖音、哔哩哔哩等平台上获得报酬。但是，物理世界中心化的公司体制几乎没有给共治留下任何空间，以区块链为底层技术支撑的去中心化应用最终走在了这一领域的前沿。

元宇宙是完全数字化的世界，更符合去中心化的管理。元宇宙经济带来的最大变革，就是结束了传统的工业形态和管理模式，不会形成垄断，大大降低了消除贫富差距的难度。世界银行 2017 年 Findex 数据库显示，全球有 17 亿人没有银行账户，但全球 1.1% 的人却拥有世界上 45% 的财富。缺少资产性收入配置，大众一般都很贫穷。

但在元宇宙经济中，这些贡献都会转化为用户的数字资产，存放在加密账户中。随着元宇宙社区的不断壮大，用户终将获得资产升值后的溢价收益。因此，只要看管好自己的私钥，无资产者参与元宇宙后，也能变为有资产者。当然，元宇宙的发展是循序渐进的，需要借助多个平台，融合多方力量。现阶段，还没有形成元宇宙的明确定义。在元宇宙概念发展和演变的过程中，可能会遇到价格泡沫、资本绑架、伦理冲突、监管空白等问题，个体参与者和监管部门都需要警惕相关风险，并进一步规范相关行为。

治理规则：重在治理规则的建立和实施

元宇宙的治理，最重要的就是治理规则的建立和实施。

首先，要针对违反共识和未约定共识而产生的法律纠纷，例如，侵权纠纷、合同纠纷、违反共识规则等，在相关法律和政策的引导与规范下，明确责任主体，界定财产属性，创新交易模式，做好数据监管、妥善处理黑产等。

其次，在系统中设置一定的条款或算法，一旦违反规则，就可根据事先设定的条款或算法，让系统自动进行处理。

元宇宙的责任主体包括元宇宙中的"人"和"组织"。元宇宙中的"人"是一个虚拟的存在，也是我们前面讨论过的"虚拟数字人"。元宇宙中的人与现实世界的人具有一定的独立性，是元宇宙中独立承担责任的主体，与现实世界无关。

一、元宇宙中组织的类型

元宇宙中的"组织"既可能是现实世界组织的延伸，也可能是独立于现实世界的。

元宇宙中的组织至少包括两种类型。

1. 作为现实世界组织的延伸而存在

这种类型与现实世界中的人在元宇宙中的延伸可能并不完全相同，因为存在于元宇宙中的组织有的可能会与现实世界的组织有对应关系，其实施的大部分行为并不是独立存在于元宇宙中的。由于现实与元宇宙身份的连续性，以这种样态存在于元宇宙中的组织，仍面临着与现实社会类似的机遇与挑战。

2. 完全存在于元宇宙中

这种类型并没有明确对应的现实组织，类似于独立的元宇宙人，其权利、义务和责任可能只发生在元宇宙内，不会延伸到现实世界中。

二、元宇宙中的财产

元宇宙中的财产主要有虚拟物品和数字货币。虚拟物品的界定是元宇宙的重要问题。

元宇宙中的虚拟物品主要面临两大问题。

一是虚拟财产的范围，即该以何种标准评价虚拟物品是否属于虚拟财产。

二是虚拟物品的所有与占有关系问题，即如何在元宇宙中确定权属。对于这个问题，可以借鉴NFT的处理逻辑。因为NFT与元宇宙中的虚拟物品具有高度的相似性，可以对元宇宙中虚拟财产制度的发展与完善产生重要影响。

目前，在元宇宙中，数字货币主要面临的交易效率问题与交易波动性问题可能会得到改善，元宇宙也需要一种去中心化的固定交易媒介。

三、元宇宙中的基本交易模式

元宇宙中的基本交易模式是智能合约。

《智能合约：架构及进展》一文认为：区块链上的智能合约具有去中心化、不可篡改、去信任等特点，可以与多种数据和资产自由匹配，能够实现安全高效的信息交换、价值转移和资产管理。

作为现实世界的延伸，元宇宙中的交易也可能是现实世界交易的一种新形式。由于现实世界交易模式与元宇宙中交易模式存在明显差异，现实世界中的交易遵循的规则也与元宇宙中的不同。因此，要想实现元宇宙内的交易，就要考虑法律规则的选择与适用问题。

四、元宇宙的数据

元宇宙的数据包括内部数据和外部数据。

元宇宙的内部数据往往等价于财产，因此，元宇宙内的数据安全问题，更大程度上是技术问题，即如何在元宇宙内防止数据的泄露或遗失，在去中心化的元宇宙中数据是否存在恢复或重现的可能。此外，即使在高度代码化、智能化、自动化的元宇宙中，人也存在着操作失误等可能。当这种失误与具有价值或私密的数据相关时，如何防范或处理这一情况的出现是必须解决的问题。

元宇宙的外部数据就是现实中科技公司的数据，因为元宇宙中以数字形式存在的一切都会存储于现实世界中。因此，科技公司在数据管理上要合法合规存储、利用数据。元宇宙公司如果缺乏相应资质，模拟、获取、披露、使用相应数据，很可能会被认定为违法甚至犯罪。

对于元宇宙数据的监管，除政府等传统的监管主体外，元宇宙内还要存在相应的监管主体。只要符合元宇宙内的群体共识和群体利益，监管主体就可以存在。

……

畅想未来，元宇宙理想的治理方式应该是形成全球治理体系。随着元宇宙相关技术的日趋成熟，全球各国和各类组织也积极参与进来，这时完全可以复制区块链概念里的分布式自治组织（DAO），组织一个完全不同的"自治联合国"，重新构建一个全节点、包容、开放、民主、透明的全球治理体系。

另外，在全球治理体系中，还可以建立一个国际金融与货币体系。比特币是一种同质化加密数码货币，其价值的根本基础是技术、估值、交易、流通等形成的一套共识规则体系。由此，需要利用基于区块链技术的元宇宙，建立一个更公平、更普惠的新国际数码货币与金融规则体系。

第八章

元宇宙通往真实虚拟现实的产业架构

基础设施层：将设备连接到网络并提供内容

基础设施层主要指的是实现元宇宙最基本的技术，包括但不限于人机交互、3D引擎、GIS、设计工具、游戏渲染、图片渲染、隐私计算、AI、操作系统、工业互联网、内容分发、应用商店和智能合约。此外，元宇宙还需要大量的软件和技术协同，包括但不限于基础设施端的5G、6G、云计算、区块链节点、边缘计算节点和DPU，以及用户端路由器、传感器、芯片、VR头显设备、显示器和脑机接口。

以这些基础设施为基础，元宇宙就能衍生出相应的应用程序，对潜在的内容载体进行开发。

基础设施软件技术的使用，让硬件性能变得越来越强，为各种设备接入网络提供必要的支撑。比如，5G、芯片、云计算等技术的快速发展，很好地满足了元宇宙高带宽、高算力等需求。

作为新一代宽带移动通信技术，5G具有高速率、低延迟、大连接等特点，是实现人机交互和物联网的网络基础设施。现实中，元宇宙对数据传输容量提出了极高的要求，主要体现在数据传输的大小、速率和稳定性上。

通信技术是元宇宙发展的重要基础设施，元宇宙的内容、网络、区块链、图形显示和其他功能等都离不开强大的计算能力。

比如，在云计算能力上，DPU芯片（数据处理芯片）通过分流、加速和隔离高级网络、存储和安全服务，为云、数据中心或边缘环境中的工作负载提供了安全的加速基础设施。

再如，在终端算力上，借助异构芯片，SoC 中的 CPU、GPU、FPGA、DPU、ASIC 等芯片就能一起工作，提高算力，继而增强用户体验。

从一定意义上来说，真正的元宇宙就是一个全球一体化的沟通环境，要想将各子宇宙聚合成一个真正意义上的元宇宙，就需要大量 AI 技术的参与。

AI 在元宇宙中应用渗透比较广泛，是元宇宙最重要的基础设施，比如，可以有效促进元宇宙的最终形态和融合。不仅能创建元宇宙的资产、艺术品和其他内容（AIGC），还能对构建这些内容的软件和流程进行改进。

此外，AI 还是交叉学科的集大成者，跟软件合作，不仅有利于提高软件技术，还可以形成特定的软件标准；搭载 AI 的硬件，还能极大地增强消费者的使用体验；将 AI 运用到内容上，更能有效降低内容生产成本。

当然，AI 技术的作用实现并不能一蹴而就，需要长期且大量投入和积累。

人机互动层：通过智能可穿戴设备，让人变成"机器人"

人机交互层主要指的是硬件层面，比如 VR 眼镜、VR 头显等设备。

人机交互是一种交互技术，在构建元宇宙的过程中，可以增强用户的沉浸式体验。其发展过程主要经历了以下几个阶段。

第一个阶段，用户和智能进行交互，主要通过鼠标和触控来实现，比如，在电脑上玩游戏、手机上玩游戏。

第二个阶段，用户和智能设备进行交互，主要通过语音的方式来交互，比如，苹果手机或小米手机通过唤醒 Siri 和小爱同学，即使不触碰手机，也能完成播放音乐、设置闹钟、给好友打电话等操作。

第三个阶段，主要是增强体验。该阶段的重点在于 VR、AR 和追踪技术的发展，用户体验产品时，可以更加直观、真实地体验产品，增强使用感受，加强用户的沉浸感。

从人机交互的发展过程可以看出，人机交互技术正在逐渐将人类改造成类似半机器人的结构。这时候，智能手机不再是手机，而是一种高度便携式、始终连接、功能强大的计算机。融入时尚服装的 3D 打印可穿戴设备，完全可以贴合到皮肤上；各种 AR 智能眼镜，甚至脑机接口，还能承载元宇宙里越来越多的应用和体验。

在元宇宙虚拟世界中，微机设备与人类的躯体的结合必然会更加紧密，逐渐将人类改造成类似半机器人的结构。例如，华为发力元宇宙发布的"星光巨塔"。

2021年11月，基于虚实融合技术Cyberverse（河图），华为发布了AR交互体验App"星光巨塔"。通过该App，九色神鹿就能穿越时空，出现在华为园区，承载星光能量的高塔则会直接站立在闪闪发光的湖面上。

这个世界彻底打破了次元壁，可以将现实与虚拟有效融合在一起。参与者只要进入该App，就能看到一个虚实融合的世界，收集能量、搜索宝箱、寻找NPC、占领能量塔、团战打BOSS，取得最终胜利。

去中心化层：把元宇宙的所有资源更公平地分配

去中心化层，就是让众多虚拟世界连接起来，给用户提供独树一帜的身份ID所需要的技术，包括边缘计算、区块链等。去中心化层，可以让个体创造者掌控数据和创作的所有权。

元宇宙是去中心化的，元宇宙构成的核心要素也是去中心化的，区块链技术自然也就成了重要组成部分。元宇宙去中心化的身份系统，可以利用区块链技术来记录你在元宇宙中的各种体验。

如果元宇宙是个中心化的世界，资源分配不均、贫富差距悬殊等难题就无法得到解决，科技甚至还会成为扩大贫富差距的催化剂。

如果你很有钱，完全可以通过现实世界中的资金支持，让虚拟世界中的自己获得更好的服务和更好的人生，迅速获取大量原始积累；然后，通过虚拟世界获得财富，反馈到现实世界。

区块链在元宇宙中的重要性由此可见一斑。

作为一种基础设施，区块链就像现实社会中的空气和水一样，比如可以解决双花的问题。此外，区块链技术还能够有效解决金融资产集中控制和管理的问题。如今，在去中心化的金融中，已经出现了连接金融模块形成新应用程序的案例。比如，在DeFi（去中心化的金融）中，就出现了选用组合不同模块形成新应用的例子。

空间计算层：将真实计算和虚拟计算进行混合

空间计算层主要是指，构建元宇宙虚拟世界，将其3D立体化的一些技术，主要包括3D引擎、VR（虚拟技术）/AR（增强现实技术）/XR（虚拟现实混合）、多任务界面等。

对于元宇宙来说，空间计算是非常重要的技术路径，提供的带混合真实/虚拟计算的解决方案，可以解除真实世界和虚拟世界的障碍。因此，只要条件允许，就要让机器中的空间和机器中的空间相互渗透。这种渗透，有时可以将空间带入计算机，有时可以让设计系统突破传统的屏幕和键盘界限，摆脱局限，不被融入界面或揉和的模拟中。

如今，空间计算已经发展成为一大类技术，借助该技术，我们就能进入并操纵3D空间，并以更多的信息和体验来推动现实世界的发展。将空间计算软件和支持硬件层分开，软件主要包括以下内容：

显示几何和动画的3D引擎；

映射和解释内部和外部世界的地理空间映射和物体识别；

语音和手势识别；

来自设备的数据集成、来自人的生物识别技术；

支持并发信息流和分析的下一代用户界面等。

创作者经济层：以前所未有的人数为他人创造经验

元宇宙需要大量内容作为支撑，其中，创作者是元宇宙内容的一个个"分子"，是支撑元宇宙内容的基础。因此，创作者经济层的创作者数量会呈指数级增长。

消费者过去仅仅是内容的消费者，如今既是内容的创造者，也是内容的"放大器"。即使不会编程，用户也能提供创意和想象力，参与到元宇宙的创作过程中。

借助各种低代码方案和社交工具，用户就能随时输出内容，随时随地参与创造。比如，元宇宙中创作者驱动的体验都是围绕集中管理的平台，如 Roblox、RecRoom 和 Manticore 等进行的。

这些平台具备集成工具、发现、社交网络和货币化等功能，人们能够为他人创造经验。

创作者拥有自己的层级，主要包括爱好者、全职创作者、明星创作者和大亨级创作者，只有跟公司彼此匹配需求，才能带来最有效的结果。

1. 爱好者

爱好者通常是指为了乐趣或兼职创作内容的人。该层级最大的痛点在于，这些人既不会将时间或资金投入自己的业务，也承担不了分销和营销的时间与资金成本。通常，他们要达到特定级别的制作价值或内容品质也很艰难。现实情况是，多数爱好者一直都会保持这个身份不变，只有少数人可以挣得足够的收入，通过作品谋生。

2. 全职创作者

全职创作者指的是，可以用创意作品维持自己生活的人。

这些人聚集的平台上，会分享一些业余爱好者的成功故事。比如，他们会使用该平台，辞掉工作全力投入；他们的现金流比业余爱好者更进一步，与第一级相比，差距也不太远。

该层级的创作者一般都缺少公司运营经验，无法从创意尝试中挤出时间，也没有时间和资源营销自己的作品。

3. 明星创作者

明星创作者，通常都能跟外部品牌形成合作关系，比如，媒体公司、唱片公司、发行商和其他公司，提高作品的覆盖率。

这里，最大的问题是保持名声和热度，还有消除潜在的品牌危机。

在升级方面，真正的痛点是：找到提高品牌在商业和经济成功等方面的策略。

4. 大亨级创作者

大亨级创作者通常不仅会打造不断升级的业务，还会保持影响力，甚至超过创作者自己。比如，某位大亨级创作者说"我的重孙子都已经很有钱"的时候，指的就是这种情况。显然，这种级别最难达到。

通常人们都认为，第三级的创作者比第二级的创作者更成功，但现实并非总是如此。比如，有些独立的嘻哈艺术家，收入就比大唱片公司的签约歌星更多。因此，第二级和第三级之间的差别与成功形式的定义不同，跟创作者价值观的差异有关。比如，想要名声和存在感的创作者，甚至在没有成为全职创作者之前，就已经在努力成为明星，而看重利益和控制权的人可能并不会热衷于追求这些。对于想要成为明星的创作者来说，他们的成功主要取决于名声，这需要不断地维持存在感和创造更多机会。

发现层：将人们引入元宇宙新体验

发现层的关注点是"如何把人们吸引到元宇宙"，用户可以了解体验层的途径，比如，手机上的软件商店、广告商的广告和在 App 中打的广告等。

元宇宙是一个巨大的生态系统，可供企业赚取丰厚的利润。

从广义角度来说，多数发现系统可以分为以下两种：主动发现机制，即用户自发找寻；被动输入机制，即用户并没有确切需求，发起选择，推广给用户本人。

互联网一般都熟悉这一点，未来必然会聚焦于发现层的几个构成要素，而这些要素对于元宇宙来说都非常重要。

一、内容市场是一种发现手段，是应用市场的替代者

社区驱动型内容是一种远比多数营销形式更具成本效益的发现方式。主要原因在于，当人们真正关心他们参与的内容或活动时，会传播这个词。

在元宇宙的语境中，如果内容本身易于交换、交易和分享，内容也会成为一种营销资产，比如，NFT 就是一种已经出现并成型的技术，主要优势有两个：一个是可以相对容易地在中心化交易所交易，另一个是可以为创作者参与的经济体系成功赋能。

二、实时显示有助于人们进入元宇宙

对于创作者来说，元宇宙多种活动的实时存在查看功能是发现层最重要

的功能。

　　浏览社区的主要形式之一就是实时显示，该功能除了关注，还会聚焦当下人们的动态，而元宇宙的多数价值就体现在与玩家的双向互动上，有些游戏平台的机制体系就充分利用了实时显示这一功能，比如，Steam、战网、XboxLive 和 Playstation 等平台，玩家就能查看好友最近玩的游戏。

　　除了游戏，生成的关注列表还决定着你会进入哪个房间。比如，社群群主有权发起活动体验。

体验层：让体验形式变得触手可及

体验层主要指的是用户层面，让过去没有普及的体验形式变得触手可及。

元宇宙构建后，用户可以在这个世界进行非物质化的体验，比如，玩游戏、进行社交、听音乐、看电影等。

元宇宙为虚拟世界和现实世界架起了桥梁，让"行走者"能够体验；同时，正是这种体验，打破了虚拟与现实之间的界限，实现了对现实空间、距离和物体的"非物质化"。

让过去不曾普及的体验形式变得触手可及，是现实空间"非物质化"的一个显著表现，游戏就是很好的例证。在游戏里，玩家可以扮演任何角色，比如，摇滚明星、绝地武士和赛车手等。未来，游戏必然包括更多的生活娱乐要素，如今在《Build Topia》《Roblox》和《Rec Room》等游戏中已经出现了这些元素。

如今，我们完全可以将这一套放进现实生活的各场景中，比如，演唱会的前排位置非常有限，但虚拟世界的演唱会却可以生成基于每个人的个性化影像，不管在房间的哪个位置，都能获得最佳的观赏体验。比如，社交娱乐可以完善电子竞技和线上社区；旅游、教育和现场表演等传统行业也能用游戏化思维，围绕虚拟经济进行重塑。

这些生活场景要素，完全可以引出元宇宙体验层的另一面——内容社区复合体。

用户过去只是内容消费者，如今既是内容产出者，也是内容传播者；过去只要提到一些常见功能，比如博客评论和上传视频，总会用到"用户生成内容"的概念，如今内容不再由用户生成，用户互动也能产生内容，这些内容还会反过来影响用户所在社区对话的信息，即内容产生内容。

第九章

元宇宙通往真实虚拟现实的「人、货、场」

人：面向数字替身进行沉浸式营销

现实的经济市场，"人"指的是消费者受众，是人货场链路里，其组成因素最多元、变化最大，也是品牌商家实现市场突围最难捉摸的一环。但在没有人的元宇宙世界里，"人"这一环，就成了勾连现实人群体、与虚拟世界品牌货品的全新价值通路，既要承载品牌货品的价值，也要作为消费者现实生活需求的一种元宇宙式投射。

类似于把现实中的人搬到虚拟世界中，涵盖虚拟偶像和用户虚拟形象/替身等。

和现有虚拟偶像合作，比如：

多个国内外知名企业和 AYAYI 的合作（天猫、娇兰、欧莱雅、Bose、安慕希等）。

自行打造虚拟偶像，比如：

奈雪的茶在品牌成立 6 周年之际，推出首位品牌大使 Nayuki 进军元宇宙。

让用户生成虚拟形象，比如：

腾讯音乐推出"TMELAND"，打造音乐元宇宙世界，用户可以在 TMELAND 内创建个人专属虚拟形象，并体验各种虚拟交互场景等。

如今，年轻消费群体已经成为主力军，年轻人的消费欲望和情绪大多都被释放在互联网上，元宇宙的世界，"人"的媒介作用性也就成了他们释放消费力的新精神阵地。而能满足以上所有需求的元宇宙"人"，正是最近大热的超写实数字人。

在"人"的维度上,我们现在关注的是圈层人群、用户画像和行为兴趣。我们使用消费者生命周期的模型来突入圈层和锚定潜客,在发现、种草、互动、兴趣、加深、首购、复购、忠诚等 8 个关键节点添加标签并定群分组,然后设计千人千面内容和自动化流程,最后依靠评分体系和归因系统来"养鱼"和"抓鱼",以此循环往复。

无论使用阿里巴巴的 FAST + GROW 全域营销模型,还是字节跳动的 FACT + STEP 内容营销理念,数字营销的复杂技术体系的核心都是数据。

元宇宙世界的用户数据并不像今天这样容易获取。首先,去中心化会让数据的所有权和使用权从平台过渡到用户自己手中。其次,区块链技术也会让用户的行为和数据成为元宇宙的货币。这时候,品牌获取数据就会从一个营销行为变成一种虚拟交易。

基于区块链技术的去中心化搜索引擎 Presearch,使用由独立节点支持的搜索,帮助保护查询数据的个人身份;另外,运用基于分布式账本区块链,把搜索行为和数据兑换成数字代币。自 2017 年 11 月首次启动以来,Presearch 已经获得 130 万注册用户和 30 万每月活跃用户,每月访问量多达数千万。

即使获得了用户授权,品牌也要分辨用户的现实用户和数字替身的区别。元宇宙的虚拟形象并不是现实用户现实人设的镜像,可能是增强版或异化版的投射。当美妆品牌在虚拟游戏中种草时尚辣妹时,现实真身可能是满脸胡茬的中年大叔。

在元宇宙,营销的对象从现实中的用户变成了数字替身。这一新的营销模式,就是面向数字替身的营销 Direct-to-avatar(D2A)。前阿迪达斯数字创新负责人 Ryan Mullins 创立的 Aglet 就是 D2A 的一种模式。

在 Aglet 社交平台,玩家会拥有虚拟穿戴:一双 Air Force 1s 或 Yeezys 运动鞋。出行时，玩家可以选择不同的虚拟鞋来赚取代币，鞋子越贵或越稀有，代币补偿就越高。例如，Air Force 1s 每步提供 40Aglet，Yeezy380 则为 300Aglet。如今，这家元宇宙创业公司已经获得 450 万美元融资，可以为现实中的运动鞋品牌创造一个沉浸式体验（广告）平台，通过数字替身的"运动养成"，增强品牌对现实用户的心智占领。

面向数字替身的沉浸式营销将经历两个重要的发展和演进阶段。

第一个阶段是品牌元宇宙赋能。在该阶段，品牌借助 NFT 和游戏，向数字替身提供数字化奖励或数字化产品，在虚拟的世界里解决数字化替身的衣食住行，满足虚拟人设个性表达的需求。这里，品牌不再是一个符号，而是一种价值和个性化的表达。赋能虚拟世界的内容和创意，是该阶段品牌的重要任务。

第二个阶段是品牌的数字化替身参与元宇宙的共生共建。品牌数字化替身需要参与虚拟社区的建设，助力虚拟化产品、服务和品牌价值等完成品牌的虚拟化转型。

货：虚拟世界的"货"增强了现实世界的"货"

现实世界的"货"，是品牌商家的优质货品。但元宇宙的"货"，将变为什么？早前大热的NFT玩法，其实就已经为元宇宙的"货"做出了时代性的预告。

元宇宙具有无限空间延展的特性，在元宇宙世界里，任何物品都可以随意复制和重构，但在虚无的宇宙里，同时还存在具有独一无二的非同质化特征的NFT数字链物品。

由于其独一无二的特性，所以也就具有独特的存在价值。

在2021年"双十一"活动中，天猫就携手AYAYI和8家超级品牌打造了8件具有跨越时代意义的定制数字藏品，赋予品牌和商家更具想象的数字化货品价值，开启了数字化新时代的货品纪元。

每件数字藏品，不仅在样式上具有元宇宙的流动性特征，背后的设计含义更具有数字赛博的时代味道。

在元宇宙世界里，即使是数字人，也无法摆脱明天穿什么的世纪难题。但你可以把选择权交给命运，利用穿搭卡牌来决定自己的穿搭，而红桃B就是其中被抽中概率最高的一套。

虚拟世界同样有着衣食住行，还能将人类所有的观念、感知和情绪等投射出来。

当你在元宇宙中醒来后，你会为自己的数字替身选择什么样的唇彩和手提袋？

当你准备去欣赏 Travis Scott 的堡垒之夜演唱会时，你会选择什么样的车子和服饰？

需求决定供给，"货"在元宇宙世界同样重要。虚拟世界不仅是延伸的感官，还放大了自我。既然能够忍受现实中成人世界的种种无奈，为什么不在虚拟世界里活出精彩的自我？创造一个张扬奢华有内涵的自我偶像。

这也是奢侈品和时尚品牌在元宇宙世界如此活跃和受欢迎的原因。

Dolce Gabbana 通过数字艺术品平台 UNXD，拍卖虚拟服装 NFT，一共售出 565 万美元销售额。其中：

联合创始人 Domenico Dolce 和 Stefano Gabbana 设计的玻璃礼服系列 The Glass Suit，由 @bosonprotocol 以 351.384 万以太坊代币拍下（约合 149 万美元）。

Rebecca Minkoff 在雅虎 XR 沉浸式体验平台，设计了 400 件 NFT 服装，发布在 OpenSea 平台上，不到 10 分钟就被抢购一空。

摩根士丹利计划到 2030 年，凭借 NFT 和社交游戏，让总的潜在市场规模增加 10% 以上，整个行业的息税前利润增加大约 25%。

当然，虚拟世界的"货"增强了现实世界的"货"。两个平行世界一旦割裂，终将导致现实世界和虚拟世界接连地坍塌。

在英伟达 Omniverse 的构想中，虚拟世界的模拟会加速现实世界的生产和创造。Omniverse 彻底改变了全球 4000 万 3D 设计师的协同合作方式，可以在 Omniverse 中建造虚拟工厂并使用虚拟机器人进行运营，虚拟工厂和机器人则是其物理复制品的数字孪生。宝马就是第一家使用 NVIDIA Omniverse 来设计整个工厂端到端数字孪生的汽车制造商。

元宇宙，除了游戏和社交的元宇宙，还包括工业元宇宙。但这并不意味着"货"需要在元宇宙世界遵循现实世界的经济法则和交换逻辑。最明显的不同在于，使用的等价物进行交易不同。对于品牌来说，第一个挑战是，庞大而缓慢的财务系统和流程是否准备接受虚拟货币和全新的结算方式。即使到现在，很多外企连用支付宝付款的银行对账都觉得很吃力。

场：去中心化的元宇宙和无限增大的元宇宙社群

想玩耍，就要先找组织。即使在元宇宙中，也是存在组织，比如，外星人俱乐部就是宅男和极客的快乐天空，每次聚会开场时，场馆上空都会出现一个外星人的标志信号。

人类创造了技术，希望掌控技术。但是，正如凯文·凯利等学者指出，技术也有自己的需求。所有的秩序终究都会归于混沌，所有火焰都将熄灭，所有变异都将趋于平淡，所有结构都终将自行消亡。在元宇宙时代，我们熟知的场，线上的商城和线下的秀场也会趋于平淡，并最终消亡。

一、公域的"场"

2021年5月，GUCCI的创意总监Alessandro Michele把秀场搬上了玩家自创游戏平台Roblox。玩家以阿凡达虚拟人身份，在沉浸式虚拟画廊里闲逛，可以吃瓜看广告片，也可以变身人体模特，穿上花里胡哨的服装拍个虚拟自拍照。当然，还能用475个Robux(Roblox代币)或使用Rixty，购买数字艺术家和时装设计师Rook Vanguard设计的限量版虚拟商品。

可以大胆想象，如果说天猫是数字营销最强大的"场"，Roblox也有机会成为初代元宇宙的商业房地产商。不一样的配方，一样的味道。

二、品牌私域的"场"

通过元宇宙赋能,未来的电商场景可以做到"在线即在场"。消费者不再是单纯的观众,而是真正融入互联网环境的参与者。购买商品的场景可能是数字展馆、虚拟演唱会,待购的商品可能是虚拟人脚上一双燃烧的跑鞋。消费者获得的商品承载了实物和艺术双重价值,不仅是一种尊享的特权,也是一种独特的"社交货币"。

除了公域的"场",品牌私域的"场"也将经受挑战。因为私域和去中心化元宇宙逻辑是完全相反的。

元宇宙世界并不是由无数个互相隔绝的绿洲组成,元宇宙终将发展成一个互联互通的超级全球平台。

第十章

打造真实虚拟现实的『新技术+元宇宙』生态

"区块链+元宇宙",区块链确保元宇宙经济稳定

区块链,能解决身份、经济等问题。

VR,能解决沉浸感的问题。

5G和云计算,能解决随地、低延迟等问题。

开放的UCG内容生产和游戏模式,为解决多样性、文明和朋友提供了一种解题思路。

对于元宇宙来说,区块链是异常重要的技术支柱,是元宇宙的重要要素,不可缺失。

一、区块链能为元宇宙带来什么

在元世界的相关技术里,没有区块链,元宇宙可能永远都是一种游戏形态,正是依靠区块链,才搭建了虚拟世界和现实的桥梁,让"虚拟世界"变成了"平行宇宙"。

区块链的重要意义就在于,保障经济系统中用户虚拟资产、虚拟身份的安全,实现了元宇宙中的价值交换,保障了系统规则的透明执行。因此,毫不夸张地说:元宇宙即区块链。

区块链是元宇宙实现升维的一个关键技术,借助该技术,运用开放、高效、可靠的去中心化金融系统,就能提高元宇宙的构建速度。未来我们将在元

宇宙中工作、学习、娱乐，创造新的数字财富，元宇宙中的智能经济体系主要依靠区块链和智能合约而实现。

区块链技术在数据隐私保护、信息安全共享、价值确权传递等方面，都是元宇宙的底层价值，都能让"元宇宙"中的数据和价值的传输过程变得更高效、更可靠、更安全，让个人数据真正实现资产化，让产业协作更高效，让社群治理更透明。智能合约实现了链上功能的自动执行，是智能经济的"底色"。

其实，用 NFT 作为价值标志物，早已成为元宇宙的商业模式之一。NFT 的发明，就是未来在元宇宙里使用，适合作为元宇宙里的价值标志物。同时，元宇宙使得区块链第一次有了 ToC 的途径。过去，区块链找不到 ToC 的途径和方向，元宇宙却能将区块链技术和元宇宙里的数十亿用户联系起来。

总的来看，基于区块链的"价值互联网"，必然会成为元宇宙经济系统的基本形态。

元宇宙经济系统不是互联网经济系统的翻版，却能实现价值的高效流转。借助区块链的加密算法、共识机制、链式结构、智能合约等技术，元宇宙就能提高可靠确权、可信流转及服从制度、服从契约的稀缺性，为元宇宙提供一个开放、透明、去中心的协作机制。

二、区块链是元宇宙的"天然母体"

如果一定要为元宇宙寻找一个"母体"，区块链当仁不让。除了诸多区块链应用被加入元宇宙的范畴之外，更多的原因在于，元宇宙真正实现了区块链无法实现的，再一次让人们真实见证了区块链的伟大。所以，如果要为元宇宙寻找一个"母体"，就要首选区块链。

通过对传统行业的底层逻辑进行改造，区块链为人们找到了解决传统行业痛点和难题的一种全新范式和途径。

区块链的最大功能和作用并不在于本身，而在于它能够将诸多新技术联结起来，真正让它们发挥出"1+1＞2"的效果。在这种背景下，区块链更像一个诸多新技术的"聚合体"，而不是一个独立的个体。

在区块链的生态下，新技术才是一个高度融合的个体。

作为一个打通虚拟与现实的存在，元宇宙也不仅仅需要某个或某些新技术，需要将新技术融合在一起。这一点，与当下人们对于区块链的认识有很多相似之处。

有了区块链对于相关新技术的整合与融通，有了区块链对于相关流程和环节的联系，元宇宙就能从一个模糊的概念变成一个可以在商业范畴里落地的存在。因此，区块链是孵化和维持元宇宙的"母体"。

三、区块链是元宇宙的"毛细血管"

提到元宇宙，人们更多地想到的是元宇宙在游戏里的应用，原因在于通过元宇宙，我们将虚拟世界与现实世界更好地连接在一起，让用户体验得到了本质上的增强。

元宇宙确实为我们打开了一个新世界，在这个新世界里，虚拟世界与实体世界之间不再泾渭分明，而是变成了统一的个体。可是，如果元宇宙的价值和意义只局限在体验的优化和提高，没有真实的商业作为注脚，所谓的元宇宙也只是一个缺少真实根基的存在。

元宇宙之所以会受到如此多的追捧，其中一个重要的原因就在于它自带一整套的商业闭环，真正建构了属于自己的生态闭环，区块链在其中发挥了重要作用。

不同于以往人们认为的区块链，在元宇宙上区块链实现了虚拟价值与真实价值的统一。换句话说，原本我们认为的毫无意义的数字货币，成了呈现真实行业价值的标的。通过区块链，元宇宙就能建构起真实行业与虚拟世界之间的联系，真正实现两者之间的流动。

从这个角度来看，区块链是元宇宙的"毛细血管"。

四、区块链——元宇宙的钥匙

区块链的技术进步直接关系到元宇宙的未来发展演进，如果元宇宙之后，还有"第二宇宙"和"第三宇宙"，真正导致这些新物种出现的底层技术，一定是区块链技术本身的演进与进化。

首先，大数据、云计算、人工智能、3D、VR/AR等新技术是不断演进的。只有不断演进，才能够让它们与现实的商业之间建构起新的关系。这也是新技术与现实商业之间结合，并不断衍生出新物种的主要原因。所以，通常情况下所说的新技术，并不是固定不变的，而是不断进化的。

其次，对于区块链来讲，如果想真正把新技术串联在一起，形成一个商业闭环，仅借助尚未改变的技术和模式，还远远不够，需要不断演进。从这个角度来看，我们还需要对区块链技术进行演进和进化。只有这样，区块链才能跟得上其他新技术演进的步伐，继续发挥它的聚合功能和融通作用。

每种新事物都需要新的区块链技术作为注脚与推进器，我们只是简单地看到区块链在开启元宇宙之门的作用，而忽略了区块链在元宇宙演进过程中发挥的功能和作用，所谓的元宇宙，也只是一个停滞的存在，无法与最新的技术联系在一起。没了新技术作为给养，元宇宙将会失去发展动能，最终可能会消失。

"XR+元宇宙"，XR让元宇宙实现升级

XR即扩展现实，"Extended Reality"，是VR/AR/MR三者的集合。通过可穿戴设备和计算机技术，XR就能为受众带来真实与虚拟结合、人机交互的环境，实现虚拟世界与现实世界之间的无缝转换，带来一种沉浸感体验。

随着"元宇宙"的乘风起势，XR、虚拟世界与沉浸式体验再度成为热词，不断被提及。在运用数字化手段打造虚拟世界的同时，也在通过沉浸式体验增强并延展用户的多元化感知与交互体验。

在元宇宙中，XR（扩展现实）不仅融合协同了多种技术，主要包括实时图形渲染引擎、跟踪系统、媒体服务器、渲染器、XR播控软件等。其应用AR和混合现实MR技术、AI技术与XR技术，呈现出更多效果，实现了虚拟现实的升级，带来了超预期的科技变革。

元宇宙与XR的融合，不断的连点成线的技术，使创新的潜力超越想象。如同乔布斯的"项链"比喻，iPhone的出现，成功地将多点触控屏、iOS、高像素摄像头、大容量电池等单点技术串联起来，"重新定义了手机"，开启了激荡十几年的移动互联网时代。

BITONE成立于2009年，从最初的高端CG数字影像技术制作，再到2015年XR交互体验部门的成立进入初步探索阶段，现在已经发展成业界内知名的"数字内容＋沉浸式体验"公司。其之所以能取得这样的成绩，就在

于它采用的创意与理念无可替代。

在BITONE成长期间,从技术端的CG到XR,再到沉浸式体验,经历了无数次科技变革,但一直都在努力提高品质内容的创意能力,尤其是在汽车领域,还造就了无数影响国内外的经典案例与成就。

在众多成功项目中,2017年由BITONE制作的HONDA讴歌NSX上市发布会让人们备受震撼。该发布会采用最新的数字角色和全息投影技术,打造了一场视觉盛宴,"复活"了一代车神塞纳。当塞纳驾驶着老款NSX,穿越"时空"来到发布会现场进行互动时,不管是语言交流,还是与主持人之间的肢体互动,都惊艳了在场的所有人。这不仅是一场全息投影技术的发布会,还是对数字内容发展趋势的一个重要探索。

2020年疫情防控期间,BITONE助力小米协同完成了新品手机小米10的云开箱。除了720°全视角展示机身外,还可以直接掌握机身内构,获得极佳的体验,远超线下的体验方式,达到了最佳效果。

2021年BITONE打造了"登临地球第三极"的沉浸式体验项目。该项目中还原了高度逼真的场景,甚至珠峰的还原度高达90%以上。在技术层面,重点是虚拟环境的建立,获取实际的三维数据,根据需要建立相应的虚拟环境模型。

作为沉浸式交互的项目,除了在体验场景中的高度还原,场内还采用了绿幕背景,全程体验时间为10分钟,结合工业冷风机等外部模拟,营造了更真实的攀登氛围。

该项目不仅是用最新技术打造顶级视觉与交互的体验,更是一场"科普+娱乐"性质的全新形式,可以让大众在体验极限探险的同时,了解到一些地理数据和环境信息。

目前"地球第三极"已成为国家的文化地标,"登临地球第三极"项目获得金投赏创意金奖。

XR虚拟制作技术，依托于现实又超脱于现实，承载着更多的想象力和创造力。

在元宇宙生态中，不仅会带来更多的技术积累和突破，还能带来虚拟世界与现实世界的高度融合，进一步提高广告、影视剧拍摄、线下活动等各行业的运转效率，增加运转模式和交互方式。

中国（北京）星光视听产业基地的星光XR虚拟演播厅，具有5讯道4K制作系统和XR虚拟实时渲染制作系统，是行业内最大的XR虚拟演播厅，可以承受汽车等大型道具设备的重量；同时，还配备了英国最先进的Disguise XR系统和UE4引擎，以及两台虚拟摄影机位，只要使用动态追踪系统，就能实时获取演员和虚拟场景的位置，与XR视效内容更好地互动融合，带领人们进入元宇宙生态圈。

一、XR与AR和VR的关系密切

随着算力的持续提高，高速无线通信网络、云计算、区块链、虚拟引擎、XR/VR/AR、数字孪生、机器人等技术创新逐渐聚合，包括XR虚拟制作技术在内的科技手段必然会融通数字世界及物理世界。如此，既会将科技与人文结合起来，也会为人类的体验和效率赋能，更会利用技术重塑经济和社会。

XR与AR和VR的关系密切，又与MR和CR有一定的联系。从专业角度来说，VR可以让我们通过头盔看到一个不属于当时环境的场景，AR可以让我们对周围环境有更深入的了解，MR能够让我们随意改变周围的环境，CR则可以让我们无法分清周围环境的真假。

简而言之，你去吃早饭，点了油条和豆浆，VR可以让你看到自己在中国大饭店吃，只有摘下头盔才能吃到早饭；AR可以让你看到油条和豆浆的同时，看到油条包含多少面多少油,豆浆包含多少豆子多少水;MR 可以为你的早饭添加包子和炒肝的影像,而 CR 却能在为你添加炒肝包子影像的同时,让你无法分清自己到底点的是什么,成像更加真实。

在 XR 的几种技术中,AR 的民众基础最大,为很多人所熟知,仅 AR 应用就让人大开眼界。

(1)AR 游戏的体验畅快淋漓,引发了 AR 游戏的全球火爆;

(2)镜头之下也有 AR 的一番天地,比如,AR 相机可以运用 3D 视觉技术,针对室外场景进行检测和运算,以最快的速度将 AR 特效呈现出来;

(3)AR 导航,视野正前方的 AR 景象,可以为用户带来"平视"导航新体验,开启逆转"低头族"新趋势;

(4)AR 军用,比如,2018 年美国陆军曾一次性采购了 10 万台 Holo Lens AR 眼镜,用于战斗任务和士兵训练。

二、未来 XR 能模拟的感官体验

单就 XR 来说,未来 XR 能模拟的感官体验也让人大开眼界,如表 10-1 所示。

表 10-1　XR 模拟感官体验说明

体验	说明
视觉体验	XR 带来的视觉体验,会根据 VR/AR/MR 的区别而呈现出不同的效果。比如,VR 看到的是影像;AR 看到的是现实环境中出现虚拟内容;而在 MR 的视觉体验中,既有 AR 又有 VR,虚拟的内容不仅可以映射在现实环境里,还能使用设备对虚拟影像进行处理
听觉体验	采用 XR 技术下打造的听觉体验,可以给用户带来 3D 版的沉浸式音频体验。简而言之,声音来自各个方向,任何时间都能站在舞台中心听音乐

续表

体验	说明
嗅觉体验	具体原理就是，使用变换气味的装备，根据自己看到的、摸到的东西，将最贴近的味道反馈出来。比如，"看见"有人递过来一束花，伸手接过并真实地触摸到花的重量，接着就会闻到花香
触感体验	XR技术的触感体验，就是模拟人接触时的感觉。比如，戴上装备，手中本来什么东西都没有，却会感觉到自己在折桌子
味觉体验	吃东西的味觉最直观。呈现味道的是舌头，XR技术模拟味觉体验，可以从眼睛、耳朵和记忆等方面直接下手
第六感	比如，为了提高手术的成功概率，做手术前，医生会先用XR技术模拟操作，机器学习和人工智能就会提供咨询服务

从某种意义上讲，随着XR、5G、云计算等底层技术的不断发展，元宇宙基石的打造，XR也就成了元宇宙的第一入口，算力自然成了元宇宙最重要的基础设施。因此，XR的发展离不开显示技术、5G等技术的支持，而元宇宙的概念落实离不开XR的发展。而借助元宇宙火起来的XR，可以借助资本的力量继续打磨技术、打磨产品等。

"5G+元宇宙",5G助力元宇宙落地应用

举几个例子:

案例1:

2022年1月26日,湖南产科救治联盟正式启动了"5G远程产前超声会诊平台"。以往遇到超声疑难病例,只能请孕妇转诊到上级医院,或通过手机拍摄等进行远程指导,而"5G远程超声会诊平台"能够在系统或超声机上一键发起远程会诊申请,让超声机影像画面互联互通,清晰快捷地实时传输视频图像,还可以邀请多学科专家会诊,专家端则可以随时随地用手机直接参与,用起来很方便。

"5G远程超声会诊平台"基于医院区域互联网、专用网络及5G网络进行数据交互,可以实现远程会诊等超声科数字化建设。遇到难以确诊的疑难复杂病例时,完全可以利用此系统请专家对患者进行远程会诊。平台上还可开展云质控、云教学及云科研,赋能临床质量控制、学科建设发展及人才培养。

案例2:

2022年1月27日,在文旅部产业发展司的指导下,国家京剧院携手中国移动咪咕公司打造了开年大戏《龙凤呈祥》开播仪式。之后,国家京剧院与中国移动咪咕联合出品的《龙凤呈祥》5G+4K演播会推出春节档。

《龙凤呈祥》创新了戏曲演艺5G+4K的线上演播模式,融入云包厢、云

呐喊、云打赏等多种实时交互模式，谱写了"5G京剧元宇宙"新篇章，助力中国文化走出去。

5G具有高速度、低功耗、低时延、万物互联等特点，例如，实时互动的游戏，具备低时延等特征，一定程度上决定了用户的游戏体验。而随着智能设备、可穿戴设备等联网需求的不断增加，人类能够以更快的速度迈入智能时代；VR、AR和MR是打开元宇宙大门的第一把钥匙，5G自然也就成了实现元宇宙落地的基础。

5G建设的持续快速推进，可以有效解决元宇宙用户进入的问题：一方面，元宇宙融合了5G，是5G的第一个杀手级应用所在；另一方面，5G可以进一步催生元宇宙，并使其产生现实影响。

一、"5G+云计算"，让元宇宙成为可能

元宇宙的背后是在计算机和计算机网络里的虚拟现实，也就是哲学和计算机领域中的"赛博物理空间"（CPS），即实时互联网网络空间。

元宇宙的基本逻辑是，将物理世界中的对象和现象转化为模型，放入虚拟空间进行模拟和预测，最后反馈到物理空间，增强我们的物理世界。准确地说，就是增强我们在物理世界的生存能力。

在赛博物理空间，要想在实时互联的网络空间里实现日常的生活或工作场景，离不开强大的算力做支撑。5G具有大带宽、低时延、广连接等特性，为元宇宙的实现提供了网络基础；云计算则为元宇宙提供了强大的技术支持。

例如，云游戏作为5G杀手级应用，可以率先大范围落地。云游戏技术将游戏的内核和渲染运算过程都移至云端完成，并将输出结果以视频流的形式返回给用户终端，使得用户通过移动设备便可以体验3A级游戏产品，打

破了对终端设备性能和配置的要求壁垒，提高了元宇宙未来进行大范围渗透的可行性。

在算力领域，硬件计算能力和边缘云计算能力的发展可以进一步升级用户低时延和高拟真的体验。

首先，硬件计算能力尤其是 GPU 计算能力的不断提高，能够进一步升级元宇宙和云游戏的显示效果，使更加拟真的场景和物品建模成为可能。

其次，通过边缘云计算，可以降低对于终端设备性能的要求，拥有实现更高渗透率的潜力。

最后，通过对边缘计算节点的建设，还能缩短信息流传输的距离，降低元宇宙网络传输部分的时延。

二、"5G+XR"，打开了元宇宙"芯"入口

电影《头号玩家》里有一句经典台词："绿洲是主人公一手打造的虚拟游戏世界，这里唯一限制你的是自己的想象力。"其实，现实中很多人都认为，互联网的未来正是类似的虚拟世界，只不过这个代号不是"绿洲"，而是"元宇宙"，"5G + XR"将为通往元宇宙打开"芯"的入口。

XR 是元宇宙时代的硬件 VR、AR 和 MR 融合在一起的统称。

在 2021 年的世界 VR 产业大会上，中国移动创新发布虚拟 VR 生态系统合作体系、AR 数字孪生云平台、移动云 VR 平台，现场展出 20 多项前沿科技，涵盖工业、医疗、文旅、教育、智慧城市等诸多领域。

中国电信以"夯实 XR 新基建拥抱智慧新生活"为主题，设置了品牌宣传区、智慧家庭区、5G 能力区、云 VR 体验区、行业应用区五大区域，将"5G + VR/AR"技术应用于智慧文博，创新交互手段，策划沉浸式游览线路、巨幕影院和 VR 游戏等项目。

中国联通携 VR 动感单车、VR 滑雪机、VR 射击对战等"5G + XR"创新应用及联通 5G 星球聚合运营服务平台精彩亮相……

三大运营商以实际行动证明，在 5G 技术的加持下，VR 等 XR 类技术完全有可能引领元宇宙时代的到来。

三、"5G+数字孪生"技术，扩展元宇宙应用场景

5G 时代，数字孪生已成为推动各行业转型发展的重要技术。

通过"5G+数字孪生"技术，可以实现元宇宙再现现实的任务，进一步扩大数字孪生的应用范围。

如今，在新基础设施建设的背景下，数字孪生已经成为运营商 5G 赋能未来的关键技术，并在许多场合得到应用。中国移动咪咕与数字孪生体联盟等联合发布的《中国 5G 城市数字孪生白皮书》，跟人们分享了数字孪生技术在行业中的应用实践，进一步推进了数字孪生技术的标准化。

随着越来越成熟的 5G 网络技术持续赋能数字孪生，"5G+数字孪生"的应用场景将会更加丰富。在数字孪生技术高效率的推动下，元宇宙在不久的将来很可能会实现再现现实世界和构建数字世界的愿景。

"大数据+元宇宙",大数据让元宇宙实现"数字化"和"数治化"

用人类智慧操控数据,搭建一个虚拟世界,将更大数据融合到一起,还能实现数字化和数治化,这就是所谓的元宇宙。

元宇宙是现实与虚拟紧密耦合的世界,可以将应用游戏机制、大规模互动直播活动、支持区块链的数字商品和虚拟商务等融合到一起,用于工作、学习、购物、休闲等活动,是智能化时代的未来。而元宇宙的技术支撑体系如云计算、区块链、物联网、AR/VR、数字孪生等,都与大数据技术有了密切联系。

一、智能时代,元宇宙离不开大数据

数据是一切数字化、智能化的基础和土壤,善于收集、使用并分析数据,才能把握快速变化时代中的重大机遇。

大数据与元宇宙是相辅相成的关系,一方的快速演进势必会带动另一方的快速发展。可是,大数据在元宇宙中的应用依然存在很多问题,比如,数据安全、个人隐私保护、数据流通与封闭之间的界限等。

二、元宇宙的数字化

1. 人类的数字化生存是元宇宙的终极形态

比如,现实生活中有什么,元宇宙中就有什么,人们可以通过数字构建出九大行星、山川河流等，人们可以穿行其间，可以做出很多只有电影中才会出现的动作，获得丰富的精神食粮。

再如，元宇宙可以为智慧城市系统的数字化转型提供助力。对社会系统来说，无论是智能体模型，还是神经网络，都无法进行全面的模拟和计算。而通过对人的连接，市民和利益相关方就能使用多种方式参与到城市运行的决策过程中，用人的智慧弥补机器的智能，这也是城市实现真正智慧的捷径。

运用基于元宇宙思维构建的平行数字系统，市民就能多层次地参与到与城市系统的虚实互动和交互反馈中，实现系统的完善和优化。从技术角度来说，这种数字系统不一定多么复杂和难以企及，既可能是基于 AR、VR、MR 的全真互联体验，也可能是基于社交平台和小程序快速搭建的轻应用入口甚至网页交互。

2. 元宇宙是数字世界的虚拟空间

其实，NFT 早就成了最契合元宇宙的方向。NFT 是"非同质化代币"，每个都是独一无二、不可分割的。其在区块链上发行，权属清晰，数量透明，可以使数字内容"资产化"，是赋能万物的"价值机器"，是连接现实世界资产和数字世界资产的桥梁，是数字新世界的价值载体。目前，NFT 主要应用场景有区块链游戏、数字艺术品、加密收藏品、音乐、门票等领域，未来则可以扩展到知识产权等诸多领域，一切皆有可能。

三、元宇宙的"数治化"

"数治"即数据治理，也就是依数而治、循数而治，即对数据进行有效的收集、分析和处理，治理国家，实施对应的数据治理。数治并不是简单意义上的数据治理，而是一种思想理念，和法治和德治一样，也是元宇宙的一种治理方略和调控方式。

从某种意义上说,基于"大互联网路线"的元宇宙的数据治理问题,比如,互联网巨头对数以十亿计用户数据以近乎零成本实行占有和剥夺,形成了"数字资本主义",阻碍了数据的确权、定价和流转。而区块链作为一项数据治理技术,可以从源头上实现对数据的确权,在数据脱敏的前提下通过隐私计算获取数据的使用价值,并在二级市场通过流转交易形成市场价值。这应该说是元宇宙数治化必选的重要路径。

"算法+元宇宙"，算法让元宇宙获得智能化支撑

元宇宙离不开算法。

所谓算法，指的是为了解决特定问题而对一定数据进行分析、计算和求解的操作程序，也是一种有限、确定、有效、适合用计算机程序来实现的解决问题的方法。人工智能、深度学习等"算法"为云宇宙提供了智能化支撑。

算法，定义了虚拟世界中的基础规则和呈现方式，它定义并实现了游戏中的"自然法则"，比如，光影效果、动画系统和物理系统等。算法，可以减少重复开发，降低开发门槛。

算法以大数据和机器深度学习为基础，具备很强的自主学习与决策功能，为元宇宙时代全新的认识和改造元宇宙世界提供了方法论。首先，从算法本身来看，深度影响着个体的决策和行为；其次，算法和数据相结合，成为取得市场竞争胜利的决定因素；最后，算法是影响公共行政、福利和司法体系的重要依据。

算法为元宇宙世界提供的方法论，具体体现在以下几个方面。

1. 算法让元宇宙实现数字化

现实中的宇宙，时间和空间是连续的，或者说，时间和空间本来就是人为意义上的数学概念。人类进化的标志就是创建概念，是用逻辑"符号系统"将概念关联起来，映射人类的感应信息。元宇宙则是时间与空间的数字化，以

及数字化时空中的各种算法化,元宇宙将时间和空间数字化,实际上就是通过符号系统即算法化进行的。

2. 助力虚拟对象智能化

元宇宙将虚拟与现实世界高度融合。在元宇宙中,虚拟对象是一个重要的存在,正如 2013 年的奥斯卡获奖电影《她》展示的一样。

在这部电影中,一次偶然的机会,主人公接触到最新的人工智能系统 OS1,其化身 Samantha,不仅拥有迷人的声线,且温柔体贴,幽默风趣。人机之间存在的双向需求与欲望,让主人公沉浸在由声音构筑的虚拟现实中,最后竟然爱上了这个人工智能系统。

我们有理由相信,只要虚拟对象足够智能,在不远的将来,虚拟对象和人的智能行为必然会更多地出现在各种虚拟环境和虚拟现实应用中。

3. 交互方式智能化

算法日益精进,会极大地增强智能交互体验,将视觉、听觉、嗅觉等感知通道综合到一起,必然会带来全新的交互体验,让虚拟现实真正"化虚为实"。

而对于虚拟现实内容研发来说,算法的进步,可以带来内容生产的智能化;人工智能的运用,还能提高虚拟现实制作工具、开发平台的智能化及自动化水平,提高建模效率以及虚拟现实内容生产力。

在上述三个方法论中,第一个所指相对宽泛,包括算法和元宇宙两个维度,有助于深入了解算法与元宇宙的关系;第二个和第三个则相对狭窄,或者是具象的、细化的,属于可以落地实施的细分领域,具有巨大的实用价值。

第十一章

落地应用：元宇宙推动各产业的发展

游戏：在元宇宙游戏的体验感会更好

游戏是元宇宙的第一个应用场景。

目前，腾讯公司投资的元宇宙概念股游戏发展火爆。其以"游戏+社交"的方式接轨元宇宙，已经投资了约70家游戏公司。此外，阿里巴巴、百度等也悄悄在游戏、智能硬件等领域发力；国外的脸书、微软、英伟达等科技公司也争相布局。

另外，被曼昆的《经济学原理》作为案例收录的网络游戏《星战前夜》就是一个经典的例子。

这款游戏最让人津津乐道的地方就在于，其经济模型以及游戏机制构建出的真实感。

在《星战前夜》中，玩家的行为决定了其身份，而不是系统设置好了的职业。就像在现实中一样，你可以在游戏里采矿成为矿工，或成为负责运输货物并保证其安全送达的镖师，或成为偷袭运输飞船的星际海盗，或成为追捕海盗的赏金猎人。

这些行为决定了你是什么角色，而又会因为这些事情让玩家自发地形成各地的组织，进而拓展出各类生产、商业、军事活动。

另一方面，里面的资产与现实中的资产有非常类似的属性。比如，玩家的飞船遭到破坏，就会失去一大笔资产；经营不善，玩家很可能在一次袭击中丢失掉自己经营多年的全部资产。同时,游戏里涉及各种生产资料和商品,为此,游戏不仅专门提供了一个交易市场,还提供了可以直观显示物品价格走势的价格趋势图。这些机制助推游戏中衍生出商会、金融炒家、保险行业等与现实无二的组织或者行业。

再如:

Roblox 是世界最大的大型多人在线游戏创作平台。

该平台提供了一套可以构建自己虚拟世界的简易编辑器,允许人们低门槛地创作,构建自己想要的虚拟世界。

在 Roblox 中,玩家既可以开发自己的游戏,也可以玩别人开发的游戏,并使用虚拟货币"Robux"消费,比如,购买特定游戏的虚拟角色、虚拟道具、特殊权限等,任意一款游戏的消费都分享给平台与开发者。

截至 2020 年底,活跃在 Roblox 上的内容开发者大约有 800 万,游戏体验场景多达 2000 万个,相当于构建了千万级别的小型虚拟世界,Roblox 真正体现了元宇宙的发展潜力。

一、元宇宙催生"虚拟形象"

元宇宙的火爆,催生出很多新兴的营销玩法。"虚拟形象"就是其中之一。

2021 年 10 月 31 日,虚拟人物柳夜熙在抖音发布了第一条视频,定位为"一个会捉妖的虚拟美妆达人",只用了短短一周时间,就吸粉 400 万。

2021 年 11 月 1 日晚,天猫策划了一场元宇宙音乐会,采用虚拟与现实交互的技术,跟艺术交融,为"双十一"的第一波开卖造势。

这些虚拟形象和真人没有太大差异,但是他们的出现却让虚拟偶像的内涵变得更加丰富。跟过去特指唱歌跳舞的虚拟形象相比,这些数字人有着不同的性格,兴趣爱好、社交圈和"工作内容"等都不同,都能将真实世界和虚拟世界的元宇宙有效连接起来。

同时，虚拟偶像的诞生也催生出虚拟主播、虚拟模特等多种形式的虚拟数字人，为元宇宙中的虚拟角色增添了更真实的"灵魂"。

二、元宇宙与游戏的联系

很多人都觉得元宇宙与游戏很像，那么元宇宙与游戏到底有什么联系？从产品形态上看，游戏是元宇宙的雏形。游戏是人们基于现实的模拟、延伸和想象而构建的虚拟世界，其产品形态与元宇宙相似，如表 11-1 所示。

表 11-1 元宇宙与游戏的相似性说明

相似性	说明
同步和拟真方面	游戏给予每个玩家一个虚拟身份，例如，用户名与游戏形象，还能凭借该虚拟身份形成社交关系，在游戏社区中结识新伙伴；同时，游戏通过丰富的故事线、与玩家的频繁互动、拟真的画面、协调的音效等构成一个对认知要求高的环境，玩家必须运用大量脑力资源来专注于游戏中发生的事，才能产生所谓的"沉浸感"
开源和创造方面	在游戏设定的框架与规则内，玩家拥有充分的自由度，既能单纯享受游戏画面与音效，也能追求极致的装备与操作
经济系统方面	每个游戏都有自己的游戏货币，玩家可以自由购物、售卖、转账，甚至提现

综上，元宇宙的几大基本需求融入游戏，游戏自然也就成了最有可能构建元宇宙雏形的赛道。

元宇宙在科教、虚拟娱乐、全息会议、军事仿真、垂直行业社交等领域都具有巨大的想象空间，要关注拥有活跃社交平台用户的科技巨头 Facebook、腾讯和 Roblox、心动公司、完美世界等。

三、元宇宙发展所需要的关键技术

1. XR

主流技术包含 VR、AR 和 MR。其中,VR 和 AR 技术被认为是元宇宙进入人们生活的载体。

2. VR

即虚拟现实技术,指利用计算机等现代科技对现实世界进行虚拟化再造。

VR 目前主要的应用领域是游戏、视频等泛娱乐场景。从游戏向外延伸,VR 在社交场景的应用前景也非常可观。

运用 VR 和 AR 技术,人们足不出户就能试穿服装,随时尝试不同的发型与妆容。在实体店购物时,看到喜欢的商品,就能立刻获得该商品的信息和购买选项,大大便捷了人们的生活。

社交：VR/AR 将元宇宙社交优势发挥得淋漓尽致

脸书的核心是社交，而过去脸书却是"六度空间理论"的代名词和最佳实践者，国内甚至还出现了很多模仿者。

相对于微博、抖音、快手、知乎等公开、半公开社交平台来说，微信更具有私密性，角色代入感更强，更符合日常人际关系中的社交场景。

如今，多数互联网产品都会将地理位置进行网格化处理，每个场景都只是一个点，不能赋予这个点和点周围场的气氛因素。另外，传统互联网都会将人的身份固定，无法满足现实生活中身份切换的需求，产生比身份本身意义更立体的影响。比如，在医院，医生和普通患者之间、住院部和门诊部之间，在现实中存在很大的差异；再如，商场里，每个楼层的营业员、顾客、保洁和保安人员等存在较大的社交差异，而像营业员等某一场景下的身份，只要换个场景，就不得不发生根本变化，卖鞋的营业员去餐厅吃饭就是食客，社交需求会随着场景切换发生巨大变化。

传统互联网无法完全复制现实场景下的社交需求有很多，越在综合性场所，这类问题越凸显。除了综合性商场和医院外，还有学校和政府办公大楼等。当自己的社交产品受到移动互联网世界的严重冲击后，就要总结和思考一下：社交本身是否发生了变化？面对更简洁、更易操作、更主题化小众化的移动社交需求，只有让自己的社交逻辑不断升级，才能找到社交更立体化成本又很低的解决方案。

结合了 AR、VR 和人工智能的"元宇宙",完全可以找到解决社交问题的完美答案。借助立体化的场景、无缝衔接的现实、强大的人工智能换算能力,就能解决脸书中的身份识别、主页介绍、沟通交互、精准广告等问题。

一、元宇宙社交与虚拟社交

元宇宙时代,我们关注的重心已经从现实生活转移到数字生活上,社交形式自然也会发生转变,社交元宇宙应运而生。由虚拟数字技术构建的"社交元宇宙"中,我们完全可以凭借自身的虚拟形象与个人信息参数,在接近现实生活的场景体验中,找到志趣相投的朋友,享受一场沉浸式的网络冲浪体验。

元宇宙社交与现在的虚拟社交有何区别呢?目前,最先提出社交元宇宙概念的 App 是腾讯旗下的"Soul",其依靠虚拟化的人物形象、游戏化的场景等产品设计,为用户带来沉浸体验,提高了用户的黏性。同时,以 UGC 为主的产出方式,其内容生态呈现出极大的丰富度和规模效应。此外,借由社交属性,助力构建"元宇宙"商业生态,还有可能建立相应的经济体系,让用户拥有娱乐、互动和交易等更多体验。这种尝试开了社交元宇宙的先河,虽然距离真正的社交元宇宙还很远,但它已经具备了元宇宙社交的某些特性。

当下的虚拟社交,主要指的是人们通过互联网软件,借用信息技术,完成人际交流与传播,主要交际的载体是手机。跟传统实体社交不同,虚拟社交的交友更具广泛性、安全性、隐私性和便捷性,可以很好地为一些社恐和渴望广泛交友的年轻人提供一个平台,比如,微信、QQ、微博等已经成为日常生活的重要组成部分,从文字和图文,再到短视频,我们的日常工作、交际和生活都离不开它们,虚拟社交自然也就成了目前使用最广泛的社交方式。

虚拟社交与元宇宙社交的区别在于社交形式的改变,虚拟社交突破了时间与空间的限制，扩大了交友范围，但是社交过程却缺少实体社交的真实性与趣味性，隔着手机屏幕，好像总有一层冰冷的隔阂。在元宇宙社交中，借用全息虚拟影像技术，不仅能还原真实场景，还能借用一些辅助设备，极大地增强用户的使用体验，增加用户黏性。与虚拟社交比起来，元宇宙社交用户互动优势更明显，更像线上社交与线下社交的结合体。

二、社交元宇宙的优势

如今，人们整天上网、互动、交友，但有时还会觉得寂寞。

人的一切社会活动都来源于社交，但现有的网络社交远无法满足人们的需求，既然出现了很多新的需求，元宇宙社交的出现也就成了必然。

随着5G时代的到来，科学技术越发成熟，元宇宙社交的出现却能很好地解决这个问题。它将线上社交与线下社交的优点进行整合，利用AR、VR、XR等技术搭建了一个全息的虚拟现实平台，人与人之间不再只是简单的语音、文字、图片和视频。在这个虚拟世界中，我们可以逛街、购物、看演唱会、玩游戏，不用担心时间与空间，可以好好享受一场设身处地的沉浸式体验。

同时，从某一方面来说，元宇宙社交还给了我们第二条生命。现实中，我们可能因为面貌而自卑，觉得自己不够高、不够瘦、不够好看，无法完美地展现自己。而在元宇宙中，每个人都是数字化的分身，可以自由调整自己的身体参数，自己独一无二。

元宇宙社交不仅是虚拟社交，更是虚拟社交的下一站，代表了从社交3.0向社交4.0的转变，拥有虚拟社交的影子，也拥有实体社交的特性，比它们更完善，更能满足现代社会的需求。只不过，目前元宇宙依然处于萌芽阶段，其发展离不开高新技术的支持，而社交元宇宙的运行也需要借助AI技术。

旅行：通过 VR 可以参观世界上任何地方

在旅游领域，迪士尼已经率先开始进行概念布局。迪士尼对自己的元宇宙战略做出如下解读，即"用人工智能、虚拟现实、机器人物联网等技术，将虚实共生的园内外整体体验向更高层级的沉浸感和个性化推进"。

身为"旅游剧场理论"的成功践行者，迪士尼在元宇宙的布局可以作为旅游业的借鉴与参照，通过人工智能、虚拟现实等技术，在声光电 2.0 版本的基础上，增加了游客的互动性、沉浸体验和个性化需求。

疫情防控期间，各大科技公司和景区机构已经纷纷推出了在线的虚拟旅游服务，相关的 VR、5G 等先进技术也逐渐融入其中，但并没有给旅游业带来颠覆性改变。

随着"元宇宙"的逐步落地，张家界、曲江文旅、海昌海洋公园等景区都在积极探索"元宇宙"概念。

2021 年 11 月 18 日，张家界元宇宙研究融合发展研讨会（张家界元宇宙研究中心）挂牌仪式正式举行，张家界自此成为全国首个设立元宇宙研究中心的景区，"元宇宙研究"成为武陵源区数字化转型的重要研究内容。

曲江文旅旗下的大唐不夜城与太一集团联合打造了全球首个基于唐朝历史文化背景的元宇宙项目——《大唐·开元》。白天的大唐不夜城是旅游景点，是休闲购物空间，晚上配合声光电的技术，就会变身为时空隧道，使游客沉浸于盛唐之中。大唐不夜城还会通过直播的方式，带游客足不出户"云游"周边商超、博物馆。

2021年9月，广东励丰文化在景区街区提出了C端产品"404元宇宙"的品牌矩阵，及以赛博朋克为主体的娱乐文化综合体。其使用赛博朋克文化中具有视觉冲击力的符号元素，运用科艺融合的表现手法，包括了众多小说、电影、游戏等经典科幻IP内容，跟文旅场景实现了更好的融合。不仅满足了当下年轻人的朝圣打卡需求，还用丰富新奇的业态为当下的消费群体提供了不同的消费体验。

时空旅行沉浸影院是"404元宇宙"品牌布局的招牌业态之一，受到众人的热烈欢迎。其使用"5G+"和裸眼3D、机械动感等前沿技术，结合精细化的内容制作，实现了真实的沉浸式全感官刺激与体验，观众可以乘坐时空旅行专列穿越时空，体验山崩地裂、沧海桑田、斗转星移、古今文明的震撼与刺激。

元宇宙最直接的功能在于，跟朋友和家人一起利用碎片化时间去感受一个景点、城市的魅力，让消费者在虚拟世界体验旅游快乐，而不仅仅是从攻略上看到一些文字和图片介绍，也不是VR的单机操作模式。在未来的元宇宙中，旅游完全可以支持多人共同体验。

相对陌生的"元宇宙"，大众并不是不着边际的，从旅游行业角度来说，是一种多元维度的体验，是互联网时代升级到物联网时代的一个突破口，文旅行业自然想要拥抱"元宇宙"。

元宇宙与旅游业融合，具有天然亲合性，比如，旅游景色、场景、道具等虚拟现实技术，以及旅游人交互参与、沉浸式体验等，都可以进一步提高旅游产品的体验。

在"元宇宙"概念成为热点之前，其涵盖的数字化、虚拟现实技术和沉浸式体验，已经被运用于旅游景区景点，还带来了一些经济和社会效应，这或许也是旅游业热衷于"元宇宙"概念的根本原因。此外，沉浸式交互体验，可以吸引更多的年轻人，而旅游景区或主题公园能否提供沉浸式体验的场景，直接关系着能否吸引更多年轻群体，这也是更多旅游景点布局"元宇宙"更深的原因之一。当然，最深刻的背景还是科技的发展，促进了社会生活的数字化发展，旅游业定然会促进数字化发展，加强智慧旅游、虚拟"云旅游"和"元宇宙"等技术概念的应用。

"元宇宙"概念，不仅能促进高科技与文化、旅游业的融合，还能重新定义文旅行业。借助AR/VR等虚拟新技术，人们就能在家中体验游览全球著名景点。在未来的元宇宙中，旅游还可以支持多人共同体验，朋友们可以通过远程呈现的虚拟世界一起游览某一个景点。

随着"元宇宙"相关技术与概念在文旅行业的应用，虚拟旅游中的交互参与、沉浸式体验，定然能给人们带来更大的感官刺激效应。如今，年轻人玩游戏的时间已经远超旅游的时间，用元宇宙技术做预览、推广旅游，旅游效益可以增加几倍。近些年来，各地景区都在大力进行"智慧旅游"建设，"元宇宙"概念的出现也是景区智能化基础设施和技术发展的必然。

随着技术发展，"元宇宙"概念的普及完善，不仅会给游客带来沉浸式体验，交通、住宿、餐饮和门票等平台还能进行更个性化的整合，同时还能降低运营成本。

零售：奢侈品牌可以在元宇宙中举办秀场活动

随着元宇宙的不断升温，元宇宙给零售品牌带来的利益也是实实在在的。

2021年国庆长假前夕，人工智能软件公司商汤科技 Sense Time 联合越秀集团，打造了广州商圈首个大型 AR 实景应用 AR Show，在悦汇城开业一周年之际正式上线。

基于商汤科技 Sense MARS 火星混合现实平台，AR Show 为到场顾客带来了一场现实与虚拟相互交融的"元宇宙"购物体验，获得了强烈反响。数据显示，在悦汇城周年庆活动期间，借助 AR Show，销售额同比增长196%，客流增长超过开业同期，新会员增长数量创历史新高。这次强强联合，不仅打造了 AR 购物新体验，更激发了 AR 营销新价值。

随着元宇宙概念的兴起，越来越多的商业巨头开始探索商业空间元宇宙，并取得了超预期的转化效果。

2021年9月，北京西单大悦城上线 AR 智能导购黑科技，在 Sense MARS 平台的支持下，打造了超现实的大空间 AR 景观、便捷沉浸式的 AR 导航，优惠活动更吸睛、更夺目，在中秋活动期间优惠券核销率达54%，创历史新高。

如今，人们的生活方式越发多元化，购物中心的发展已不再仅限于"购物"，而是集多种业态的综合体。不仅满足了消费者的各类需求，购物中心、商业和城市综合体中许多功能还给商区的经营带来更多的挑战，要想实现多业态均衡发展和持续增长，就要以差异化的游逛体验实现吸客引流，通过有效的动线设计和场内引导推动冷热区的导流转化。

作为现实世界和虚拟世界的连接，"元宇宙"为零售行业打开了基于空间的营销新路径。在"AI+AR"技术的创新和驱动下，"元宇宙"重新定义了人与空间的关系，创造了虚实融合的空间内容呈现和交互方式，激发了消费者的好奇心，助力品牌营销效能。

拥有驱动元宇宙的多种关键能力，营销内容与空间实景就能实现跨次元连接，重新打通整个商业闭环。

商汤与越秀集团共同打造了以冰雪世界为主题的元宇宙场景，用极具感官冲击的空间视觉和互动体验，让整个购物中心焕然一新，让消费者享受到了一场融前沿科技与购物场景为一体的沉浸式消费之旅。

无论消费者是从西门、北门进入，还是从南门进入，都可以看到不同的 AR 奇景，比如，室外盘旋在空中的巨大冰龙，室内夹道欢迎的冰雕动物、水晶鲸鱼，中庭蝶舞广场的冰雪城堡，贯穿整场的超现实虚实融合视觉景观……这种差异化体验，让每一位新老顾客都跃跃欲试，不仅实现了独特的吸客引流效果，还增加了驻留时间。

消费者到场后，多样的 AR 空间互动，更能推动聚客和冷热区导流，配合各类营销玩法进一步将消费者定向导航到商户店面完成转化。例如：

定时定点出现的 AR 红包雨，突破了"抢红包"的传统玩法，虚拟红包从真实空间掉落的视觉新鲜感，实现了极好的聚客效果。

AR 打卡集图活动，将所有的虚拟卡片隐藏在真实空间场景中，只有前往特定地点，才能收集并"召唤"奖品。如此就能充分调动消费者的探索欲和积极性，间接引导消费者的游逛运动线，自然地导向冷、热区域。

当消费者通过 AR 导航来到相应店面门口时，还会出现 AR 广告牌，上面展示着店铺关键信息和优惠活动。既增加了品牌曝光度，又提高了顾客友好度，提高了进店率。

房产：购买虚拟土地，按照自己的想法开发建设

随着元宇宙概念的流行，元宇宙"房产"交易也变得火爆起来。在元宇宙上买地和盖房等，也受到了越来越多的投资者的追捧，动辄上百万、千万的注资金额着实令人咋舌。

"元宇宙"房产的最近一次爆发是在2021年11月，虚拟游戏平台Sandbox上的一块虚拟土地，被玩家以430万美元大约折合2740万人民币的价格买入，创下了"元宇宙"房地产交易价格的新纪录。新加坡歌手林俊杰"尝鲜""元宇宙"的房产，花费12.3万美元购买了三块虚拟土地。

在"元宇宙"中购买的虚拟土地并不能住，究竟有什么用？目前，购买虚拟土地的多数都是游戏玩家，购买了虚拟土地后，他们就能按照自己的想法开发建设。这时候，虚拟土地的买主就相当于开发商，有权在这些游戏平台上虚拟建筑，可以收藏，也可以买卖，甚至在建筑里举行画展、音乐会、发布会等。打个比方，刚买下三块虚拟土地的歌手林俊杰，如果想举办一场线上的新歌发布会，完全可以在自己的虚拟土地上举办，不必借助某个平台。

2021年11月全球虚拟房地产交易额暴涨700倍。买地、建房、装修、出租、抛售……除了不能住外，凡此种种，都跟现实世界一样。

2021年12月9日，香港房地产巨头、新世界发展集团CEO郑志刚购入元宇宙虚拟游戏The Sandbox中最大的一个数字地块。该地块花费约500万美

元，折算成实体房产，足以在北上广优质地段购置一套独栋住宅。

伴随着行业大佬和投资方的不断涌入，元宇宙虚拟地块的交易额接连被刷新。2021年11月，全球虚拟房地产的交易额暴涨700倍，是虚拟房地产交易额涨幅最高的一个月。

国内平台，在元宇宙上的房产交易热度也居高不下。比如，以"Honnverse虹宇宙"为首的相关虚拟房产出售信息层出不穷，房源被标为几百元到上万元不等的价格进行公开交易。

"Honnverse虹宇宙"是由天下秀数字科技集团研发的一款虚拟社交元宇宙产品，在内测阶段释放了部分房源进行出售。而这些房源的出让人，正是在其内测阶段通过预约摇号的方式抢购到了虚拟房产。

与现实世界类似，地段和稀缺性也是虚拟房产的溢价因素。根据发行量的不同，每种房型地等级都可以分为SSS、SS、S、A、B级，房型对应的等级越高，价格也就越高。虽然我们国内在元宇宙上"搞房产"的疯狂程度比不上国外，但该平台也因为参与人数众多，让服务器一度崩溃，有些投资者甚至还在该平台囤积了数百套虚拟房源，不到半年时间，市值就增加了6倍。

在某电商平台的活动中，上海一对95后情侣以2.2888万元购置了一套虚拟房产作为婚房。他们刚毕业，收入不足以支撑买房，购买一套数字房产同样可以让他们拥有归属感，目前该套虚拟房产的市场估价约5万元。

这套虚拟房产位于虚拟的"不秃花园小区"里，开发商为"秃力富房产公司"，曾联合艺术家黄河山发行了310套虚拟房产，两天内售空，合约售价36万元。

所谓元宇宙"房产"，指的是元宇宙中的一部分虚拟空间。拥有这部分虚拟空间后，就能进行建设和装修，既可以开设商场，也可以用作博物馆展示虚拟藏品，还可以直接出租……拿一张元宇宙"房产证"，听上去似乎很潮流也很酷炫。

国内元宇宙炒房虽然没有国外那么夸张,但是热度也在持续高涨。比如,国内虹宇宙的房产几乎是"一天一个价",当前最高级别SS级房产已经以接近2万元的价格成交,比最先的88元翻了200多倍。一套虹宇宙半海景别墅,甚至叫价高达10万元。

从本质上说,炒作"元宇宙"房产跟炒作虚拟货币并没有什么区别。参与者都想在"落潮"前全身而退,把最后一根接力棒交给别人,而一旦成为"接盘侠",很可能让过去的投资全盘皆输。

如今,"元宇宙"处于概念阶段,形态也在不断演变,理性应该是所有投资者最该秉持的标尺。

ptr
消费：沉浸式的数字孪生电商，未来买买买更开心

元宇宙催生了各个行业的技术升级，在零售业定然会诞生适应元宇宙的零售巨头。

例子1：

深圳龙岗万达广场开启的"商业空间元宇宙"项目，围绕场景、内容和科技等三大方面进行创新，应用 BIM 及 3D 点云扫描技术建立万达广场的数字孪生体，形成了与实体广场相对应的"平行世界"，打造了数字化的虚拟现实体验；利用数字化运营管理平台，通过虚拟与现实之间的互动操作，实现了对万达广场智慧化消费场景、智能化运维服务、数字化资产管理。

例子2：

广州悦汇城在开业一周年之际为消费者带来一场极致的元宇宙购物体验——大型 AR 实景应用 AR Show，此次 AR Show 是由人工智能软件公司商汤科技 SenseTime 联合越秀集团打造的。AR Show 把虚拟的冰雪奇境与现实场景交融，使得悦汇城日客流量一度超越开业同期。

通过数字化社会供应链的构建，以及人工智能技术与社会供应链的深入结合，就能构造一个深度连接数字世界和现实世界的接口，也就是产业元宇宙。

实体零售"虚实结合"可以做到"线上线下一盘货"，最终为消费者提供新的购物体验。将来很多实体零售商都会通过数字化手段更精准地获取数据，

尤其是"货"和"场"的数据，联通虚实之间的协作，货架数据很可能会成为未来的价值高地。

其实，未来的实体零售，也必然是虚拟购物、人工智能、大数据和物联网等数字技术与实体相融合的新形态。

从创想元宇宙到畅享元宇宙，越来越多的探路者在逐渐迁移过去的产业形态。无论是个人用户的元宇宙终端，还是全产业链条正在构建的元宇宙信息基础设施，全真互联的时代，正在逐步铺展开来。

2021年4月，京东提出整合集团沉淀的中台能力，构建了产业元宇宙开放平台，赋能实体经济。作为以数字化供应链为核心竞争力的新型实体企业，京东凭借此项构建，联通了生产、流通、服务等各个环节，不仅降低了成本，还提高了效率，实现了从消费端到产业端价值链各环节的优化与重构。

京东提出产业元宇宙战略，是结合对前沿科技探索的战略部署以及在供应链领域多年领先实践的技术沉淀而来。如今，新一轮科技革命和产业变革正进入关键时期，必须加速产业创新，为企业硬核转型升级提供新一代发现工具、效率工具、创新工具，发挥产业元宇宙的接口级作用，而人工智能正是促成这种变化升级的必要工具。

基于人工智能发展的趋势，京东必然会将前沿研究的成果融入产业应用相关的研究中，包括机器视觉、自然语言处理、智能城市、供应链管理、仓储、自主系统和智能零售。通过多学科、多技术的融合探索，实现量的积累与质的飞跃。

医疗：患者在一个虚拟空间中与医生进行更深入的交流

长期以来，医疗都是一个传统而保守的行业，但研究人员对于医疗与科技的探索从未停止。

将最前沿的科技与医疗领域结合在一起，在理想状态下，确实能够打破时间、距离和技术的限制。虽然元宇宙目前依然处于探索阶段，但完全可以将元宇宙技术中的 VR/AR 运用在实际医疗行业中。

例子 1：

北京航空航天大学成功研发出具有自主知识产权的虚拟腹腔镜手术训练系统 Lap-Sim 和经皮冠状动脉腔内成形术模拟器，后者可以满足个性化手术规划、预演、新手术实验等临床应用需求。目前，该 PCI 模拟器中已经集成了多套个性化病例数据，并在北京协和医院、第三军医大学等进行了多轮次的验证和示范。同时，北京航空航天大学、上海交通大学、第三军医大学等还开发出了具有反馈力的心血管介入虚拟手术系统。

例子 2：

中国台湾勤益科技大学与秀传医院合作，研发出了"MR+VR"智能医疗眼镜。在 MR 混合虚拟现实眼镜的基础上，结合 VR 虚拟现实和 Data Gloves 数据手套等技术，远程端的医生就能实时指导灾难现场人员对伤患做手术或实施急救。目前，已经成功完成两例临床实测，接下来将逐步进入应用测试和量产阶段。

现在，人们多数都会直接去医院看病，门诊挂号后分诊，去专科医生诊室问诊、检查，然后再决定是住院还是门诊治疗。未来的医疗是智慧的医疗，将是一种沉浸式的体验，360°全景视频包含视觉、嗅觉、触觉、听觉等。通过人工智能、大数据、云计算、虚拟现实等技术的深度应用，医疗服务就能变得更智能、更个性、更精准和优质。

个人在做任何医疗或健康管理前，应该根据自己的个性化基本信息、动态监测数据、生命急救卡、日常记录及医疗记录，建立数字化生命。如此，既能了解自己，还能为医生提供就医依据。运用医疗数据的综合分析和长期追踪，制订有效的个性化健康管理方案，对风险进行干预和防控。

一、元宇宙里的医疗会是什么样？

未来医疗或许会发生转变，元宇宙里的医疗又会是什么样？

患者不用在现实中挂号排队，元宇宙中自己的虚拟分身可以帮助完成；一些症状可以通过元宇宙反馈给医生，不严重的疾病可以直接下诊断并开具药物，如果有问题可以根据时间约定现实中到医院就诊。

给患者动手术前，可以根据患者数据由内而外地模拟患者结构解剖图，清楚展现各个部位，解决视角盲区；还可以在术前模拟整个手术过程，避免各种问题，缩短手术时间，降低并发症的发生率，减少辐射暴露。

手术前后，向患者和家属讲解时，可以用交互式3D图像来说明问题，更好地消除他们的担忧。

专家会诊不必旅途奔波，无须出差，各路专家可以在元宇宙中会聚在一起，在元宇宙中查看、问诊、体检患者，指导当地医师调整治疗方案，加速患者恢复健康。

元宇宙里的医疗可能超出我们的想象，不仅会颠覆目前的诊疗，还能对医疗教育水平的提高起到促进作用，这一切未来都有可能发生。

二、元宇宙与医疗将以何种方式互联？

1. 打破次元壁，实现虚拟面诊

目前的互联网医疗，让通过视频、语音和图文沟通的方式在线问诊成为可能。在未来的互联网医疗场景中，完全可以搭建一个虚拟场景，让医生通过远程诊疗设备，对患者进行实时的生理指标数据收集分析。

Facebook 改名 Meta 后不久，就推出了一款机器人皮肤 ReSkin，不仅能获得所有物体的触感，还可以收集数据。

智能科技的高速发展，让这种虚拟面诊的设想变得无限接近现实。

2. 打破技术限制，实现透视检测

在 VR 影像中，可以对心脏进行 360° 无死角的观察。最关键的是，医师可以方便地透视观察心脏与其他器官组织之间的比邻关系，这一点在心脏疾病诊治过程上至关重要。

随着 VR 技术在医疗领域的应用场景越来越多，未来元宇宙中远程体检、远程手术成为可能。

3. 打破时间距离，实现外科手术

VR 可以模拟真实人体器官，为手术提供准确判断的依据。目前，已经出现了有高精度的手术机器人，可以利用远程系统外科手术系统和 3D 立体高清图，进行远程微创手术操控，有效提高手术成功率。

综上所述，元宇宙的关键技术将为医疗行业开拓新的维度。在推动医疗行业信息化、数字化、智能化的过程中，元宇宙即将带来无限可能。

健身：在线机器人教练可通过体感设备和监测指标进行指导

在当前形势下，释放工作压力、追求高生活品质、休闲、健康等成为大家健身的动力。在奥运会、全运会等体育盛会的影响下，全民参与健身的热潮正在兴起。在这股热潮中，最瞩目的当数居家健身。

随着运动需求的增长，专业健身指导成为刚需，而兼备专业课程及教练指导和居家属性的智能健身镜刚好站到了这个风口上。再加上科技的加持，令这块集镜子与高清大屏于一体的智能设备，更好地与"元宇宙"连链接起来。

那么，健身镜如何成为开启"元宇宙"的钥匙呢？

2021年，华为斥资2亿元、总面积超4000平方米的华为运动健康科学实验室对外开放。该实验室将华为智能穿戴产品与服务的生态等很好地串联起来，专业健康领域向医疗方向继续探索。

当代消费主力群体对于健身及健康管理的关注度越发高涨，健身需求的增长和健身群体的年轻化将驱动家庭运动健康场景快速发展，推动新兴设备成长，加速原有智能设备交互多元化、应用协同化升级，推动家庭场景下应用付费习惯的养成。

由此可以预计，2022年家庭运动健康场景相关智能家居设备出货量将同比增长23%。而家庭健身场景的核心则可以为用户提供"AI教练"，在监督动作规范的同时，通过与智能手表、腕带、手环、心率带等穿戴设备协同，关注运动健康。

一、智能健身镜

长久以来，居家健身器械的低颜值都是用户的一块心头大石。传统健身硬件不仅占用宝贵的客厅面积，还会拉低整个空间的美感。

FITURE魔镜在造型设计上走的是简洁大方的风格，平时不锻炼的时候，完全可以将FITURE魔镜当作镜子来用，尺寸和平时的全身镜差不多，不仅不占地方，还颜值爆棚，满满的都是科技感。

同时，除了机身工艺以外，FITURE魔镜的镜面也大有来头。其使用真空溅镀工艺的创新屏幕，透光折射率极高，不仅看起来清晰通透，平时还能在视觉上扩充空间，是妥妥的高端家居装饰品。

为了充当"健身元宇宙"的启动器，FITURE魔镜在科技感的外表背后，拥有的是黑科技一般的技术核心。如今，AI算法早已不是什么新鲜事物，FITURE魔镜使用的"硬件＋内容＋服务＋AI"模式，却将AI的易用度提高到了一个新的层次。

用户开始使用FITURE魔镜时，自研的AI算法会结合机身内含的高性能传感器，为用户完成一个初步的体测并定制适合的课程。随后用户在参与课程的时候，FITURE魔镜的AI算法会精准识别用户的动作，教练还会进行实时指导，提高用户的健身效率。即使在家锻炼，用户也不用担心错误姿势导致的受伤。

"元宇宙"是在传统网络空间基础上加上多种数字技术，构建形成的既映射于又独立于现实世界的虚拟世界。其将网络、硬件终端和用户囊括进一个虚拟现实系统中，系统中既有现实世界的数字化复制物，也有虚拟世界的创造物。

从场景应用来看，"元宇宙"包括沉浸式体验，低延迟和拟真感、虚拟化分身、开放式创造、强社交属性、稳定化系统等特征。完全符合国家优化产业结构，推进体育产业数字化转型，鼓励体育企业"上云用数赋智"，推动数据赋能全产业链协同转型的"全民健身"思路。

二、线上云健身

在科技和智能两大核心力量构建的互联网时代下，人们拥有了脱离环境健身限制的能力。头部运动平台 Keep 为大家提供了一整套多元方案。

对于上班族来说，与户外运动比起来，动感单车更安全、更灵活，是居家甩脂利器。

Keep 推出的 MINI 版家庭运动智能动感单车，能够通过智能体验和多种骑行环境等运动资源，为健身者营造出一个更具活力、更真切的运动氛围。而且，它的价格只相当于一张健身会员卡的价格！此外，智能计数装备还加强了健身的沉浸感和专注度，人们可以在高效率中感受健身的快乐。

Keep 上启动了健身行业的"元宇宙"，虚拟偶像女团 A-SOUL 化身为"健身教练"，在 Keep 上拥有专属健身课程，包括虚拟女团燃脂舞、手环舞蹈游戏，掀起了虚拟跨界运动风潮。这波跨界联动，让用户拥有了"沉浸式"健身氛围，丰富了他们的健身体验。

此外，Keep 设立了 Keep Move 燃脂派对、Keep Dance 时尚热舞、Keep Strong 节奏燃脂、Keep Fight 暴汗搏击四大王牌直播健身课程，为用户带来了持续的新鲜内容和体验。除了一起暴汗外，还在每个环节中特别设置了游戏、抽奖等趣味环节，用户在运动的过程中可以感受到趣味性，一起快乐燃脂。

作为线上健身行业的领头羊，Keep 以"让用户快乐的运动"为理念，形成了独特的达人文化和内容生态，吸引着万千优质内容生产者与平台共同成长，让健身的层次更丰富，引领更多习练者开启美好人生。

在健身房，总会遇到距离限制、私教难约、成本昂贵等问题，久而久之，人们的健身热情就会退去。而在疫情期间，到处是倒闭的健身房，不时被要求的公共场所歇业……"线上云健身"已成为健身行业的全新发展趋势。

教育：全新的交互方式将使学习体验变得更加有趣

2020年暴发的新冠肺炎疫情，让全球教育行业受到沉重的打击，数以亿计的学生的学业进程被打断。在疫情的刺激下，线上教学模式得到普及与发展，Zoom、Mooc等在线教学平台成为学生保持正常学习的工具。

目前，线上教学已经成为当下教育领域关注的焦点，为元宇宙在教育领域的应用拉开序幕。

大富科技的控股子公司大富网络研发的Para Craft平台，是一个面向青少年的人工智能综合素养学习实践平台，是青少年"元宇宙实验室"。目前，Para Craft正逐步进入全国中小学的样本课程，致力于提高未来全民人工智能的综合素养。

公司基于Para Craft上开发的《虚拟校园》，以城市为单位，计划将中国21万所中小学搬到互联网上，形成基于个人作品的多人在线3D社区。

元宇宙在教育和文化宣传中有着广泛的应用，会让学习变得和游戏一样快乐，在弘扬中国文化时更深入地触动目标群体，让中华文化在不同的地方、不同的时空进行传递，让学生在多元场景中真实地感受中华文化的魅力。

一、元宇宙对教育行业的影响

元宇宙不仅可以彻底改变人类社会交往、生活和工作等模式，也能彻底改变人们的学习模式。

现在，人类已经进入"生活就是学习，学习就是生活"的历史阶段，学习变成一项终身的、全天候的内容。元宇宙为这样的学习提供了最大空间和最好的技术基础。在元宇宙生态下，老师不会只对着屏幕授课，而会根据课程来定义自己的教室模型，甚至直观地展示空间几何构建、宇宙大爆炸等难以实际呈现出来的形态。

此外，元宇宙的线上学习还可以让学生获得更加真实的上课体验，专属座位和同桌，实时互动交流，避免线上学习的无趣，提高学生的注意力，使他们专心学习。

元宇宙可以带给大家一种全天候学习的资源，包括最好的老师、最好的教育内容和学习伙伴，以及无限大的学习场域。元宇宙技术是解决教育均衡问题的重要钥匙、重要手段，可以把教育提到一个全新的高度。

元宇宙的出现，将会为教育带来新的想象空间。

首先，打破时间和空间的局限。疫情防控期间，很多学生都采取了线上学习的方式，拉开了"元宇宙"学习的序幕。孩子们不再受时间地点的限制，可以根据自己的实际情况制订学习计划。

其次，教学内容更加生动、有趣。随着技术的不断发展，教学内容不再只是枯燥的文字图片，而是通过设备变成3D立体场景，通过视觉、听觉甚至触觉等感官丰富学生的认知，使他们对知识的理解和记忆更深刻。

最后，教育方式更加人性化。通过大数据分析，平台可以更清晰地了解到学生的实际情况，制订最符合他们发展的学习方案，让学生根据自己的能力和兴趣进行选择。随着技术的发展和普及，普通人都有机会接触到优质的教育资源，实现教育的公平性。

目前，关于"元宇宙"的各项技术虽然还需不断完善，但不可否认的是，随着顶尖公司和人才的加入,"元宇宙"的技术会日趋成熟,教育行业也会被重新赋能产生更多的可能性。

二、VR/AR,"元宇宙+教育"的强大工具

以 VR、AR 等技术为主构建而成的交互式教学模式,像一种大型游戏,既可以让学生体会到虚拟空间的真实感,还能体会到"寓教于乐"的效果。例如,AR 技术最常运用于儿童早教领域,将元宇宙虚拟空间与教育结合起来,可以激发孩子的好奇心、想象力、创造力和学习潜能。又如,VR、MR 等技术更能满足职业性、场景化的教育需求。

随着元宇宙与教育的深度融合,未来,教育行业将出现更多技术开发人员与创意设计人员打造全新的教学环境。

VR 技术可以广泛应用于科学研究、虚拟实训、虚拟仿真校园、课堂教学、情境化测试等各种教育场景。利用虚拟现实技术进行虚拟实验,学生就能放心地去做各种实验,比如,利用虚拟飞机驾驶教学系统,就能避免学员因操作失误而造成飞机坠毁等事故。

AR 应用于教学,具有使用方便、丰富教材内容、提高学习效率、实现可视化学习等优势。例如,某科技公司利用学校体育馆的墙壁,结合 AR 改装成一个球类游戏,学生可以投球到墙上击打飘浮的数字落物,体育锻炼也变得更加有趣。

MR 集合了 VR 和 AR 的最佳特征,将二者进行无缝融合,能创造新的环境,实现物理对象和数字对象共存,并实时自然交互。比如,将 MR 教育资源嵌入沉浸式和互动式的教学过程中,学生就能在虚拟空间中接触到具象化的精神人物,感受到当时的历史过程,体验也会更真实,更加身临其境,提高学生的学习兴趣与探究热情,让学生喜欢上这门课程。

三、"元宇宙＋教育"，重新定义传统大学教育

"元宇宙＋教育"模式，可以改变大学教育和学术工作的传统方式。过去，大学讲座是由现实中一位真正的讲师对有限数量的学生群体进行实时授课，讲座授课形式比较单一；如今，一个讲师可以同时面向真实的学生听众和网络上虚拟的用户账号讲课。在元宇宙中，曾经单一形式的课程，可以演化为多种数字化格式的课程形式，例如录课、直播等，通过多种数字化格式实现"量产"。

此外，在元宇宙中，学生还能学习来自世界各地的其他课程。现实世界的学者将化身为元宇宙的教育者，与开发者一起量身定制新型教学模式。学生不再受限于单一的实体院校，而是涌向资源无限的元宇宙教学平台。

四、"元宇宙＋教育"探索，未来可期

从寓教于乐到改变传统大学教育的单一授课形式，元宇宙与教育的融合将给传统教育带来巨大的冲击。主要体现在以下三个方面。

（1）在教育场景方面，克服时空的局限性。

（2）在传授者与学习者方面，教育者可以与开发者共同开发新型教学模式，而学习者也可以获取丰富的学习资源。

（3）在多元空间与无限资源之下，有效解决教育资源分配不均衡的问题，促进教育平等。

作为引起全世界极大关注的新概念，如今元宇宙已经在我国国内教育领域得到企业的重视，并逐步投入教学项目实践当中。例如：

北京萌科不仅推出了元宇宙互动实验室、元宇宙互动思政教室、跨平台元宇宙互动平台等产品，还与人教数字出版公司联合推出了针对最新考纲的中小学实验教材。

编程猫完成了神奇代码岛 BOX 的孵化，准备把编程教育推向元宇宙。在

BOX平台中，用户可以通过构建并发布3D世界、脚本游戏等作品，进行"元宇宙"模式的学习互动。

网易有道信息技术（北京）有限公司申请注册"有道元宇宙"商标，国际分类涉及教育、娱乐等，目前该商标处于申请状态中。

电影：在元宇宙构建的虚拟世界里，每一个观众都能成为主角

实现个人娱乐更极致的体验，是元宇宙得以存在和发展的重要意义。

对于传统娱乐艺术形式，我们一般都只能旁观或欣赏，而元宇宙娱乐将让我们成为参与者，在虚拟世界里，我们可以成为其中的人物甚至主宰者，让所有虚拟人物为我们服务。

在元宇宙，你可以是编剧，可以是导演，可以是主角……所有的人物、道具、场景、情境等，都可以由你的意志和想象设定，故事会因你的喜好而发展……这些都可以瞬间产生。

2012年日本轻小说《刀剑神域》动漫化，之后被国内引进。

《刀剑神域》的故事发生在2022年，天才开发者茅场晶彦开发出具备完全潜行进入虚拟世界的设备，设计了一款名为"刀剑神域"（Sword Art Online，SAO）的游戏。

在这部动漫中，"完全潜行"游戏与AR游戏不同。"完全潜行"指的是用埋藏在机器内的无数信号元件产生多重电场，跟使用者的脑部直接连接在一起，不是透过眼睛或耳朵等感觉器官，而是直接对脑部传送虚拟的五感情报来生成虚拟空间。同时，回收脑部发给身体的电子讯号，即使在虚拟空间内进行各种运动，现实世界的身体也毫无反应。游戏世界里活动角色，现实中的身体并不会跟着动作，意识就会完全进入游戏中，不受外界干扰。

这并不是人们的异想天开。

《头号玩家》则是进一步将"元宇宙"的概念推到大众眼前：

未来的霍乱年代，我们熟知的VR技术已经更加成熟和全面。只要戴上头盔，穿上套装，人们就能直接"穿梭"到一个叫作"绿洲"的虚拟世界。在这个世界里，你可以随意变换身份，改变面容，更换行装，也可以参加各种比赛或娱乐活动……还可以身临其境地复原现实世界的样子，又能以高于现实世界的便捷和体验感受一把真正的"未来"。

从故事中，可以清楚地看到VR将如何应用于未来生活的方方面面，从工作到学习再到游戏，VR将成为我们获取信息的关键工具。

电影《失控玩家》也备受欢迎。电影中以"自由城"为蓝本，打造了高度拟真的元宇宙世界。"自由城"的NPC AI引擎具有极强的自我进化能力，令玩家体验更具趣味性。

利用元宇宙的优势，娱乐就能焕发出新的生机。比如，传统的KTV与元宇宙结合在一起，就能打造一套软硬件体系，消费者到KTV后，可以通过一些特有的装备在虚拟世界里面唱歌。在这个元宇宙中，大家不仅可以唱歌，还可以跟全国各地的网友互动，甚至还可以当着众多粉丝"开演唱会"，或者将演唱会设置在白宫。

这种体验就像真实存在的一样，体验要比传统的单纯唱歌更吸引人。

电影原本只是人们了解具象化后的元宇宙的一个媒介，比如《头号玩家》与《失控玩家》等，但随着元宇宙技术的逐渐成熟，以及开始从方方面面赋能整个电影行业。

一、电影业遭遇瓶颈，需要元宇宙

虽然2021年的中国电影业处在回暖的轨迹中，但2021年的票房数字与

2018年和2019年还是有着一定差距，这意味着中国线下电影市场的发展开始进入"瓶颈期"。

首先，从大环境来看，疫情的反复、大众出行频率的减少，对影院这类人群聚集的大众场所带来了直接影响。线下客流受限，如何通过线上实现营收转化，成为整个电影产业的难题。

其次，在国外好莱坞电影的冲击下，需要不断提高国产电影的技术能力和制作水平，丰富电影内容。好莱坞电影之所以能在中国市场收获一批忠实粉丝，离不开先进的电影制作技术，只有让观众多维度、多感官地享受电影，才能提高口碑、名气与票房。然而，跟国外大制作、高技术电影相比，国内原产电影在科技手段的运用上仍存在一定的不足，国内电影产业必须不断融入新的技术，提高电影中的科技含量。

最后，电影宣发也异常重要。目前，多数电影宣发依然停留在传统的电影院内，传统宣发模式只能有限地触达用户，很多对这个题材感兴趣的用户可能接收不到有效信息。

虽然面临诸多困境，但机遇也同样存在。随着《头号玩家》与《失控玩家》等电影的出现，国内如中国移动咪咕、百度、腾讯等头部企业聚力发展"元宇宙"，而"元宇宙"也带着技术和内容开始走进电影市场，在体验、内容和宣发等不同领域为电影产业带来了全新的想象空间。

二、元宇宙可以弥补电影业体验与内容上的不足

元宇宙对电影业的第一个改变就体现在内容和体验上。

交互技术作为元宇宙六大底层支撑技术之一，元宇宙具备沉浸式体验、自由创造、社交网络、经济系统、文明形态等五大特征，而VR设备是保证沉浸式体验、让用户感觉"他人就在我身边"的重要支撑工具。

"沉浸""他人就在我身边"等效果，正是现在的电影业所追求的。疫情反复，出行受限，传统线下影院被波及，导致数字院线成了很多用户的不二之选。

但数字院线也有自己的不足。比如，看过《复仇者联盟4》的观众都知道，当整个影院的观众共同沉浸在这部影片中，为其欢呼或唏嘘时，才能像真正了解了这部影片的核心。这种氛围是数字院线难以提供的。另外，影院之外通过数字院线看3D电影，可能会遇到缓存导致的卡顿，或者由于缺乏影院的专业设备导致观影沉浸感有所欠缺等问题。

当数字院线成为后疫情时代人们观影的重要渠道之后，许多企业开始注意到它的不足，开始在观影体验上下功夫，试图创造出一个能够媲美影院的观影环境。由此，技术也成了一个重要的突破口。

三、元宇宙增强了观影体验，内容也得到改变

比如，在老电影修复方面，现在的观影者，尤其是一部分年轻观众对部分电影开始产生一种"倦怠感"，反而对从前的一部分"经典"产生了兴趣。虽然这些经典电影、动画内容上无可指责，但不得不承认的是，其在画质、色彩和分辨率等方面确实不如新时代的电影。

要想实现既不丢失原有的电影颗粒感，还能有效去除画面噪点、锐化边缘、提高色彩饱和度，在提高画面清晰度的同时，最大限度地保留原片的电影质感，就需要具备电影修复技术能力了，比如，《永不消逝的电波》4K全彩重制版登陆全国院线，是国内第一部黑白转彩色4K修复故事片，取得了不错的成绩。

艺术：元宇宙让艺术作品的制作和欣赏方式更加新颖

互联网的大规模普及让数字艺术、影像装置艺术成为当代艺术的主流，而基于区块链技术、NFT形态的艺术生产方式，将进一步扩展以计算机和互联网为载体的数字艺术边界。

一、"艺术 + 元宇宙"

作为一个被再激活的概念，元宇宙可能成为互联网的下一代形态。利用数字分身，人们就能在数字虚拟世界中游牧、定居和迁徙，而经济系统的建立使其与现实世界相连，大大提高了数字艺术在原有艺术生产系统中的占比，为青年一代艺术家提供了更多的机会。

脸书更名为"Meta"后，推出了首个品牌广告战役，用了一种简单而又出乎意料的方式来向世界表明对元宇宙的野心。故事发生在一家博物馆里，一群艺术系的学生正在欣赏法国艺术家亨利·卢梭的作品《老虎和水牛的搏斗》中充满活力的丛林场景。当学生们越来越近地观察时，突然间里面的动物们变得栩栩如生，将人们吸引到它们茂密的森林环境中，在那里他们发现了更多的植物和动物，最后甚至超越了2D平面，来到3D世界。

画中的老虎抬起头说："这是梦想的维度。"而后巨嘴鸟、蛇、山魈、火烈鸟和一串串的香蕉开始跳舞，学生们也身临其境，伴随着音乐跳跃和舞蹈……

影片结尾写道:"这将会很有趣。"随后,Facebook(脸书)的Logo连同一系列产品的标志变形融合在一起,成了Meta的标识。

很多人都在想元宇宙是什么,这个广告作品直接地告诉人们这是一个关于想象力的故事,以及我们的想象力将如何定义元宇宙。

二、"音乐 + 元宇宙"

法国文豪福楼拜曾说:"艺术与科学总是在山脚下分手,最后又在山顶上相遇。"纵观音乐的发展历程,科技始终在其中扮演着重要角色。自疫情发生以来,音乐与科技的结合骤然加速。一个极端感性且浪漫,一个极端理性而严谨,两者反差强烈,却能奇妙共融。

伴随元宇宙的兴起,虚拟演唱会成为现实生活的一部分。

2019年,说唱歌手特拉维斯·斯科特(Travis Scott)就举办了一次虚拟演唱会并大获成功,此后多家公司纷纷效仿,与知名艺人合作举办虚拟演唱会。

贾斯汀·比伯是最新一位宣布举办元宇宙音乐会的流行歌手,2021年他与虚拟娱乐公司Wave合作,加入由"堡垒之夜"游戏开创的虚拟演唱会中。

这段时间,全球范围内的虚拟演唱会随处可见,不少商家、艺术家将元宇宙演唱会视为音乐产业的下一个发展阶段,并期望在其中获得利润与乐趣。

目前,处于第三阶段的音乐产业正在经历着5G、区块链、人工智能等先进科技带来的深刻变革。视听体验的改善最为直观。

以国家大剧院为例,2020年8月,"华彩秋韵"系列线上演出了首场音乐会,实现了全球音乐会首次"8K+5G"直播。在8K超高清画面中,艺术家的每一缕发丝、每一滴汗珠都能被看得清清楚楚;在听觉方面,国家大剧院采用全景声录音、杜比全景声、双耳立体声和虚拟环绕声等领先技术,不断增强沉浸感。

人工智能小冰，也在音乐领域进行了长时间的探索。小冰实现了从灵感的触发、作词、作曲到最后输出的完整过程，具有音乐专业本科毕业的水平。小冰还为上海大剧院的特邀音乐制作人，创作了 2020 年演出季的开幕主题曲。

智慧城市：元宇宙将是未来十年智慧城市发展的风向标

2008 年 IBM 首次提出"智慧地球"（Smart Planet），智慧城市概念应运而生，之后在全球获得了各国政府的踊跃回应，中国智慧城市建设也由此拉开序幕。

一、元宇宙给智慧城市带来的改变

元宇宙将是未来十年全球科技发展的一个风向标，也是各国数字经济和科技企业必争的新高地。不过，元宇宙是一个平行于现实世界的虚拟空间，不仅可以让我们体验虚拟游戏、虚拟音乐会等娱乐项目，还能为智慧城市发展带来众多改变。

1. 全域监控

城市管理者要想管理好一个城市，必须充分掌握城市的各项基础信息和状态。但由于受限于这些数据的收集和统计的时间，都存在一定的延时性和不准确性，而监控管理具有实时、沉浸、低延时性等特点，充分利用元宇宙的这些特性，城市管理者就能置身于他所管理的城市中，全面感知城市状态，获取城市的各项信息。

2. 模拟决策

基于元宇宙，能够与现实世界进行实时映射，可以将现实中所有的人和物都展现在元宇宙中。如此，完全可以利用这一点，将城市的所有问题都映射到元宇宙内，然后再通过元宇宙来观察这些问题的发展动态，提前了解到事件态势的变化；甚至还可以通过模拟的方式，对问题的解决方案进行测试，为现实世界提供预处置。

3. 应急处置

水灾和火灾等自然灾害，会给人类带来巨大的伤害，但是我们对水灾、火灾的预防却少得可怜。同时，现阶段我们进行火灾、水灾演练也是按脚本展开，缺乏真实性、全面性和随机性。对于元宇宙世界来说，很容易模拟一场真实的火灾、水灾等应急事件，真实的场景、多变的态势、涉及人员的参与，都能大幅提高城市居民、消防员等人的应急能力。

4. 城市监管

精细化和智慧化是未来城市发展的趋势，市容市貌智能分析系统通过安装在重点区域的高清监控，用一双特殊的"眼睛"，就能识别各种违规行为，这双特殊的眼睛就是人工智能设备。

通过该设备，利用市容市貌智能分析系统，就能自主观测、快速判断和精准定位市区部分范围内存在的垃圾堆积、跨店经营、占道经营、游商摊贩、乱堆物料等不文明现象。一旦发现问题，该设备就能立刻将自动分析后的告警数据与"数字化城市管理信息系统"平台融合对接，经过城市管理监督指挥中心审核，快速推送给相关职能部门，形成业务闭环处置。

二、未来智慧城市构建的重点智慧管理

1. 智慧生活、智慧物业、智慧养老和智慧医疗

智慧社区是指，物联网、云计算、移动互联网等新一代信息技术的综合应用，可以为社区居民提供安全、舒适、便捷的现代智能化生活环境，形成基

于信息化、智能化、社会管理与服务的社区管理形式。

要想增强居住幸福感，需要改进细节，比如，小区自动泊车、智能门禁人脸识别、智能家居、智能化垃圾分类清理、可定制化的老年人智能猫眼云看护服务。智慧社区要建立更加智能的安全系统，监控人员的流量，确保没有死角，对并突发事件可以做出应激反应，保障人身安全、消防安全、电力安全、出行安全、食品安全以及扩展的许多其他方面。

2. 智慧停车、智慧物流和智慧港口

智慧交通是在智慧城市的大框架下提出的，强调如何将交通系统全面融合到城市总体发展和建设中，发挥其对城市各个要素的连接、传导和交换功能，是智慧城市建设的重要组成部分，是在交通领域充分运用物联网、空间感知、云计算、移动互联网等新一代信息技术，可以推动交通体系向智能化转型，提高国内物流运输效率，更好地解决民众出行问题。

纵观诸多科幻片，除了无人驾驶，便是自动化货运的片段。比如，京东物流北京"亚洲一号"智能无人机高效协同分拣快递，使用机器人系统为物流公司创造价值。

3. 智慧政务、智慧城管、智慧公安和智慧应急

城市 App 是政务服务的统一入口，未来会成为每个智慧城市的标配，实现手机上指尖办卡。

如今，社会治理方面，丽江已接入 600 多个摄像头，可以自动发现街域范围内的垃圾暴露、机动车违停、河道入侵、人群聚集、街面违规经营等十多种城市事件，可以对事件进行全天候的自动识别、上报和结案，提高了城市治理的效率，降低了管理成本。

比如，地处珠江三角洲东江下游北岸，地势较低，水网密布，新塘镇的智慧排水管理系统以实现全生命周期智慧化排水管理为目标，安装了管网窨井液位计、管网流量计、管网水质监测设备、河道水位监测设备、雨量计、易涝点电子水尺等多个在线监测设备，覆盖排水设施的设计、建设、日常管理运营、防涝应急抢险调度等工作内容。

后 记

一定意义上讲，元宇宙的诞生，将是对人类社会最大的颠覆。元宇宙并不是逃避现实的乌托邦，而是人类的未来！

就像量子力学一样，芯片、新能源、5G、区块链、云计算、AI、VR、AR这些独立的未来技术和产业，正在元宇宙的引力作用下逐渐实现统一。

千行万业的元宇宙化，其中最重要的是经济体系、沉浸感、社交关系的代入。元宇宙将会赋能所有行业，激发传统行业的发展新动能，实现行业高质量发展。

即便生命短暂，穷极一生也见识不了更多的风景，但人类从不畏惧对未知领域和空间的开拓。如今再次面对新纪元的挑战，让我们在元宇宙重新相遇吧！

感谢我的妻子清林，她一直陪伴在我身边，支持我完成了本书的编写！还要感谢我的两个儿子：悠悠和果果，他们一直都是我不懈前行的动力！

感谢我的朋友方鹏和刘杰，他们是我事业上的合作伙伴，也是元宇宙事业的践行者，他们参与了部分章节的编写，使得本书内容更加完善！

感谢我的同事姚翔、黄猛、田浩、田安喆、刘敏、郭达理等，他们对本书的编写提出了很多宝贵的建议！

感谢与元创会发起人刘国辉的交流，让本书的内容更加丰富！

感谢我的朋友孟春晖、汪海波、王煌、罗斌、刘政、田源、简金秋、扶悦庄、朱林、扶杜华、李志平、汪涤南、袁文秀、唐小雨、伍畴以及所有关心本书编写和出版的领导和朋友们，谢谢你们的鼓励和支持！

今年正值我母校安化一中120周年校庆，"公勇诚朴，初心不忘"，"文脉相承，饮水思源"，谨以此书献给伟大的安化一中，祝福母校桃李满天下，栋梁荣中华！

李颖悟

2022年2月6日　于长沙